ニッポンの新しい小屋暮らし

梦想中的小屋

[日] YADOKARI 著　史诗 译

四川文艺出版社

序

初次见面，我们是 YADOKARI。

3·11 东日本大地震[①]后不久，我们开始发行以最低限度生活、小屋、微屋[②]、多点居住等内容为核心的生活方式杂志 *YADOKARI*，并围绕小微生活这一主题开展了各种各样的活动，包括日本国内罕见的小屋、微屋的企划开发，以及通过对资源的活用来重新规划空地与休闲场地，支援地区建设等。

活动始于地震发生后不久，房屋被海啸冲走的光景盘旋在人们脑海之中，久久不能消散。然而就算在那样的情绪中，匆忙的日常仍然一如既往——乘坐满员的电车上班，再工作到乘坐末班车下班；支付高额费用住在东京都中心的公寓，或是建起自己的房子，长年被贷款束缚。这样的状况让人心生违和感。怀抱着对那种生活方式的疑问，直觉如此诉说："今后，我们需要更加简单而紧凑的生活方式。"

在二战后的经济高速成长期，购入家电、住宅、汽车等物件是富裕的象征。不计其数的人不分昼夜地工作，拼命想要增加收入。经过了那样的时代，到了物质富裕的今天，灾难过后，许多日本人开始注意到，只有物质上的富裕是无法幸福的。

这样的潮流不止出现在日本。放眼世界，发达国家也已出现了相同

---

① 2011 年 3 月 11 日发生在日本东北部太平洋海域的强烈地震。此次地震引发的巨大海啸对日本东北部岩手县、宫城县、福岛县等地造成毁灭性破坏，并引发福岛第一核电站核泄漏。
②译者注："最低限度生活"原文为 minimal life，"微屋"原文为 tiny house。

的势头。在美国，因为次贷危机①，年轻人认为购买大型住宅存在风险，开始流行"微屋运动"。他们不会为购买土地和住宅拿出一辈子的工资，而是选择小房子，降低住宅花费，通过提高可支配收入，将时间和金钱重新分配到住宅和物质之外的事物（体验）上，以期度过更丰富的人生。这样的人正在不断增加。

在北欧和欧洲其他地区，也有为了享受暑假而建起"夏屋"的文化。除了自家住宅，人们或在郊外建起家庭专用的小屋，或将用来欢度周末、以名为 kolonihave②或 kleingarten③的庭院和菜园为中心的居住式小屋融入日常生活。这种用途的小屋都是价钱低廉、量身定做的。

这类小微生活运动作为对资本主义和物质化价值观的抗争，同时发生在多个地方。我们将其称为"丰富性的重组"。

在这次的新作《梦想中的小屋》中，我们介绍了日本国内许多享受小屋生活的实例，千人千面。通过接触男女老少在小屋生活的事例，能够扩展居住的可能性，如果本书能让诸位读者对自己的新人生跃跃欲试，将是我们最大的荣幸。

让我们开始最低限度生活！让我们享受仅有一次的人生吧！

---

①也称次级房贷危机，指一场发生在美国，因次级抵押贷款机构破产、投资基金被迫关闭、股市剧烈震荡引起的金融风暴。
②源于丹麦语，指附带小屋的庭园，是人们假期聚会的场所。
③源于德语，指可以租借的农用土地。

Japanese
Hut style

Secret
with base
Peers

DESIGNER'S
HUT IN
DOWNTOWN

目录

"Self Build" hut of

Home Center

HALF-BUILD
CONTINUES
to EVOLVE

Renovation hut
spend with
children

Let's begin minimal life! YOLO! Gotta have fun!

与伙伴分享的
"秘密基地"小屋

Secret with base Peers

与伙伴共同购买、共同建造，
可以任性玩闹的假日小屋

始于······················
2016 年 8 月
地区······················
岐阜县瑞浪市
规模······················
占地约 200 平方米，
建筑约 15 平方米，
平台约 30 平方米
费用······················
约 800 万日元（初期
费用）

　　从 JR 名古屋站换乘中央本线约 1 小时，到达 JR 釜户站后再向山里行驶 10 分钟，就能看到茂密绿意中的数栋民宅。从那座村落再前行几百米，一幢漆黑的小屋突然出现在眼前。

　　这幢小屋的真面目，正是 YODOKARI 限定出售 10 幢的小型住宅 "INSPIRATION"。在名古屋一家公司工作的四位同事共同买下这幢小屋，并建在这里。建造理由是 "想要创造同伴能自由玩闹的空间"。在这片被绿树环绕、绿意盎然的安静土地上，原本就喜爱户外活动的他们，用双手创造出了能让自己充分享受假日的场所。这简直就像大人的 "秘密基地"。

　　他们究竟是怎样享受小屋的呢？让我们来一起看看这充满趣味与感觉的 "秘密基地" 的全貌吧。

从道路一侧转到里面，就是开阔的平台。
建造平台的木材是从网上购买的，还配置
了帐篷、防水布和吊床。

四个人所说的"最好的回忆"是指小屋内部的墙面。
他们重新利用了建造地基时使用的铸模的木材，涂
上颜色后混贴在一起。

他们从多个网站上选择了多达 10 种地板材料，让对方寄来样品并进行比较。瓷砖和灰浆内墙也是他们自己动手完成的。

Interior

| 室内装饰 |

POINT. 01

1. 将同样大小的木箱叠放起来当作架子，里面放些小物件。

2.3. 到处都是鱼的主题，表现了他们在垂钓上的爱好。

4. 天花板上垂下的是鹿角蕨。大型绿植的存在与否，会使室内风格截然不同。

5. 最初他们也考虑过放置床铺，但是为了回避生活感，最终决定只放沙发和长桌。

6. 为了提升这块从印度购买的布料的存在感，进行了大胆的配置。

01

将从泰国的度假地购入的油画嵌进自己制作的木框，呈现出艺术效果。

outside

| 室外 |

POINT.
02

02

1. 开阔的平台上可放置露营用的帐篷。带有可爱白熊标志的 NORDISK 帐篷，是在网络拍卖中低价购入的。

2. 宽敞的帐篷足够四人躺下，他们也曾在这里过夜。

代替拼布垫子和毛毯使用的编织物，几乎都是在海外购买的。

1.2. 因为设置了配备厕所和淋浴的浴室，即使过夜也可享受舒适的户外生活。

3. 单一的内部装饰是厕所的特点，壁纸据说是朋友帮忙贴的。

Bathroom

| 浴室 |

01　四人分享的"秘密基地"是这样建造的

"我们原本就喜欢露营，但是一般的露营场地会有很多举家来玩儿的人，无法大吵大闹。只有一次，因为台风正在接近，我们在形同包场的一处汽车露营地里毫无顾忌地热闹了一番。那段时光真的非常开心，因此我们一直在考虑怎样才能随时重现当时的场景。"

说话的是"秘密基地"的发起人宫部先生。后来几经思考，他想到的方法是"建造能在周末玩乐的别墅"。话是这么说，可独自从零开始实在困难，筹集资金也是个难题。于是他想到，可以请合得来的几位朋友一起出钱，并开始和关系好的朋友商量。然而，共同投入的金额绝不算少，难度极大，成品的构想也很难保持一致。

"参加讨论的都是价值观相合的成员。"宫部先生说。成员包括大西先生、水野先生和青先生。四人在学生时代分别学习过建筑、电力等专业，一直想要活用各自的知识，"用双手制作一样东西"，而别墅的主意正好与之完美契合。

落实到实际行动上，四人首先分别出资 200 万日元，建立了共同账户。为了筹措 200 万日元，有的成员放弃了更换新车的计划，甚至卖掉了自己的车。在确保资金的基础上，最初着手讨论的就是小屋的种类。如果自

小屋美食

01

羊排

❌

由于可以灵活用火，因此可以享受在家中难以实现的料理，这是小屋生活的好处。用炭火充分烤制的羊排由宫部先生亲手制作。新鲜的羊肉是去早市采购的。

己动手建造房屋，会花费不少金钱和时间。他们也讨论过活动房屋和圆木小屋，左思右想间，最终邂逅的就是INSPIRATION。"性价比之高自不用说，还漂亮又新潮。我们冒出了想要结合宽阔的开口部建造大平台的想法，这也是做出选择的关键要素。"

接下来烦恼的是"建在哪里"。放着音乐大吵大闹也不会扰民的偏僻地点，从四个人居住的名古屋市开车大约1小时就能到，保证水电等生命线，还要价格便宜，前方道路的宽度也足够搬运INSPIRATION——满足上述所有条件的土地很难找到。不过经过了大约半年时间，探访了各种各样的地方，终于发现了现在的地段。最初200平方米的售价是60万日元，后来砍到了半价。

不过，这块土地原本是种满树木的倾斜地，如果全部进行平整，要花费多达200万日元。由于这笔开销太大，他们也曾想过使用链锯自力更生，但实在太难。四名成员将重点放在"修建的最低限度在哪里"，经过数次商讨，最终决定只平整出60平方米左右的面积，能够设置INSPIRATION并建造木平台即可。

平整工作结束于2016年3月。随后，他们活用学生

小屋美食

02

开胃菜

✗

在等待主菜烤好期间，用从家里拿来的橄榄和生火腿做成小菜，再喝上一杯葡萄酒。蔬菜满满的凯撒沙拉和牛油果章鱼沙拉也摆在了桌子上。篮子里是比平时稍微奢侈的黄油。

小屋美食

03

水果 & 蔬菜

✕

看起来像摆设的水果和蔬菜其实都是真的。由于是在当地的超市采购的新鲜货，每个看起来都水灵灵的（而且便宜）。它们被颇有品味地摆放在篮子中，已经变成了室内装饰的一部分。

时代学习建筑的经验，开始设计整体布局。建筑确认申请也是活用已经取得的资格，自己完成的。

决定 2016 年 6 月搬入 INSPIRATION 后，他们在时间到来之前自己挖好了地基。挖土时没有使用机械，所以曾被迫与中途遇到的坚硬岩石苦战，但总算在即将搬入时完成了。搬入后，他们开始修建木平台。木平台使用的硬木每块价格高达 3500 日元，这是考虑到了今后的维修。"软木如果不每年进行一次涂装，就会渐渐朽坏，但硬木就算不去频繁涂装，也很难腐烂。考虑到维修的问题，还是一开始就买贵的比较好，所以就这么决定了。"

平台一建好，四人立刻开始内部装修。在人手怎么也不够的时候，朋友也曾来帮忙。住在附近的大叔大婶们，常在他们干活儿时前来招呼。由于是一边放音乐一边干活儿，他们会道歉说"对不起这么吵"，却也曾得到"热闹些更好"的回应……"因为很少有人来，或许我们意外地受到欢迎。"

集齐帐篷、防水布、吊床、家具和室内装饰，完成到这一步竟然就是在这次采访前。"我们每周末都来这里，但总是干活儿，现在终于能实现目标中的享受方式了。"

此前的作业看起来比较顺畅，但成员有四人，应该也有意见不统一的时候。为了进展顺利，他们究竟下了怎样的功夫呢？

"基本上是责任制。相互信任，完全交给对方。不过在买东西的时候，也就是出现开销的时候，要在 LINE 群里获得全员的认可，重要的节点也会直接面谈。资金使用是全员通过记账 APP 进行管理。"

虽然如此，还是有出现争论的时候。图纸没有更新、施工出现失误的情况都曾发生，平台也曾在中途倾斜并重建。细节说起来一言难尽，但如今都已成了笑话。"把那些事当成下酒菜，大家一起喝喝酒，很开心（笑）。"

话说回来，如果将来调职到远方，或是结婚生子，那么成员之间的关系和这处"秘密基地"又会去向何方呢？

"将来的事，我们现在也无法左右，所以没考虑过（笑）。如果大家一起借了 2000 万日元的贷款，那么或许会很严酷，但每个人 200 万的话，就算失败也没什么。而且和孩子一起在这里玩儿似乎也会很愉快。这里已经让我们享

小屋美食

04

Acqua pazza①

✕

这天的鱼肉料理是 acqua pazza。将购自当地超市的鱼与蛤蜊、蘑菇等混合在一起，进行简单调味。有时也会烹制自己钓上来的鱼。饱满又鲜美的鱼身，好吃得让人欲罢不能。

---

①译者注：一种意大利菜，将白肉鱼和贝类用橄榄油和白葡萄酒进行烹制，口味清淡。

受了很多，感觉早就回本了。"

对于他们来说，这处"秘密基地"还尚未完成。他们还想修建露天浴池、比萨饼烤炉、玄关和通道，并商量将来通过 Airbnb[1]将这里租给别人。"如果到了五六十岁还能在这幢小屋里玩儿，就太幸福了。一边聊着那样的梦想一边喝酒，然后去实现它，真是乐享其中。"

填满他们梦想的"秘密基地"，今后也将继续进化。

（采访后，就像要证明小屋在继续进化，我们收到了"已经通电出热水了"的消息。从一开始，他们就不追求完美。首先试着迈出脚步，再去推进细节，这种风格或许能给在活用小屋上犹豫不决的人带来参考。）

小屋美食

05

葡萄酒

✕

因为喜欢酒，他们也会根据料理来选择酒。说到和羊排、acqua pazza 相合的酒，果然还是葡萄酒。在大自然的风景中听着动人的音乐，一边品尝美味的料理一边喝着葡萄酒，怎么想都是最高的享受

①中文名爱彼迎，是一家联系旅游人士和家有空房出租的房主的服务型网站，为用户提供多样的住宿信息。

| **与伙伴共享小屋的必要事项**

分享最终构想

不仅要分享外观上的最终构想，还要分享在使用方式上的想法。将使用上的各种有趣构想具体地分享出来，一起畅谈梦想，就能聚集到和你志同道合的伙伴。

共同资金与记账 APP

分别出资 200 万日元组成共同资金，使用记账 APP 进行管理，在各自的手机上查看。当购物等花销出现时，必须取得全员认可。

任务分工

负责结构设计及
室内装饰的海外采购

负责平台设计和财务

负责照明设计和
露天浴池的修建

负责领导
及烹饪

必要时通过 LINE 群交流，也会面对面商谈，但基本上彼此信任，会将任务完全交给对方。为保持负担的平衡而进行适当调整，也是共同运营的必要事项。

伫立在都心的设计师小屋

DESIGNER'S HUT IN DOWNTOWN

夫妇的讲究那么多！
实现最低限度生活的小房子

02

始于·····················
2013 年 3 月
地区·····················
东京都港区
规模·····················
占地 35 平方米，
建筑 19 平方米
费用·····················
未公开

　　从地铁白金台站步行几分钟，在东京屈指可数的高级住宅区的一角，就能发现这座小房子。它坐落在绿意萦绕的住宅地中，就建在仅有 10 坪的街道拐角处。

　　住在这幢两层小屋中的是饭岛夫妇。大约四年前，他们对这块土地一见钟情，决定在这里建造房子。极富特色的大窗、以棕色为基调的风格和四周的树木交相辉映，仿佛已经融入了街道中。在这个占地面积仅有 35 平方米的家里，长年实践最低限度生活的夫妻二人，有许多独有的讲究之处。这是一幢和建筑家不断讨论后建造起来的"设计师小屋"（或许这里与许多人印象中的小屋有些不同）。

　　让我们来看看这幢小巧却舒适，满是讲究之处的小宅子吧。

1. 屋顶上是露台。由于周围没有高大建筑，天空颇为开阔。"晚上在这里小酌也是最美妙的。"

2.3. 委托园艺师在房子四周种了各种各样的树，刻意布置成杂木林的模样。

一层是厨房和餐厅。墙壁、门窗、家具等都统一成棕色，衬托出淡草绿色的天花板。室内室外的植物相应相合，构成了宁静的空间。

1. 妻子表示"将来想开设料理教室",厨房里处处体现了她的讲究。VIKING 的小炉子具备了能让一流料理人认可的火力和性能。

2. 咖啡和红茶也收纳在能够看到的地方。"不能示人"的无用之物是必然被拒绝的。

3. 水槽周围都是 brabantia 和 WMF 等牌子的厨具。为追求独特的功能和设计,妻子还曾前往销售专业厨具的合羽桥地区采购。

4. 水槽旁边是收纳空间,打开门一看……

5. 里面竟然是冰箱!

设计感极强且节省空间的毛巾取暖器。主人对此非常中意,在厕所里也安装了一个颜色不同的。

KITCHEN | 厨房 |

POINT.
01

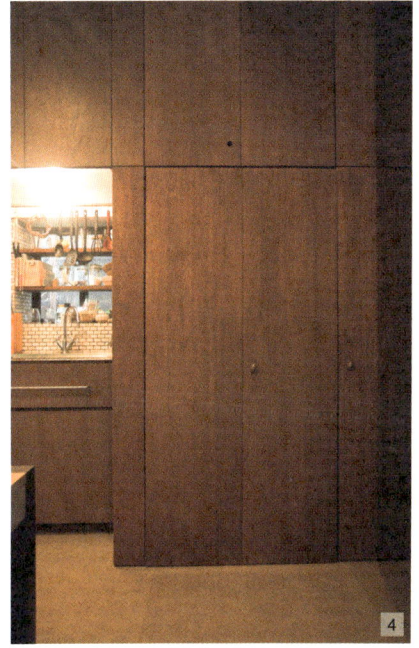

4

OPEN!!

3

5

LIGHTING ｜ 照明 ｜

1. 嵌入式照明让空间看起来更宽敞。

2. 一层的部分天花板，即二层的部分地板呈现篦子状，能够感受到空间的连续，从空隙漏下的光线演绎出美妙的画面。

3. 墙壁的照明在设计上也和天花板一致，呈现出统一感。

4. 玄关的复古灯。

GREEN 一 绿植 一

室内的绿植、窗外种植的草木、长久以来注视着街巷的保护林形成三重构造，分外美丽。家与外界融为一体，舒适宜人。晴天时透过枝叶洒下的阳光，让人回味悠长。

02

仿佛在树间飞来飞去的小鸟摆件。能够感受到夫妇二人享受之心的设计随处可见。

03

窗边还装饰着可爱的画作，据说是外甥为他们画的日历。

POINT. 03

POINT. 02

1. 卧室与一楼同为棕色基调，宛如屋顶下的阁楼。双人床下也是收纳空间。由于楼梯很窄，搬入时费了很大功夫。

2. 光线从枕边的小窗射入。想要睡前一读的书排成了一排。

3. 与宁静的空间相称的编织物是卧室的亮点。

4. 床对面有一扇大窗。对面的保护林起到了借景的作用，可以体味到置身自然之中的感觉。

5. 为了能在二楼悠闲地喝酒，特意设置了可当作迷你厨房使用的洗脸台。

BATHROOM 丨 浴室 丨

1. 喜欢洗澡的丈夫为了能在早上起床后立刻入浴，将浴室设置在了床边。
2. 浴室内侧有通向屋顶的台阶！
3. 从浴缸处望向二楼室内。透过大窗可以看见绿意，视野开阔。
4. 厕所位于从一楼通向二楼的楼梯旁，黄色墙壁令人印象深刻。螺旋状的黄色管子是毛巾取暖器，也能起到暖气的作用。

02 最低限度地生活，平和舒缓地分享

饭岛夫妇在小房子中的生活，是从位于横滨的一座44平方米的二手公寓开始的。原本丈夫独自生活的房间住进了妻子，多少显得有些狭窄，便自然而然习惯了最低限度的思考方式。

"房间小，就不再买东西，没有多余的东西感觉真好。如果为了减少东西而扔掉什么，不如最初就不要买更好。"妻子如是说。丈夫也表示："东西一多，就需要收拾的时间。要想不浪费时间，过上舒适的生活，就必须减少东西。"

必要的东西并不在室内备齐，而要从外部获得，这样的想法也是此时产生的。就算没有书房，城市里也有联合办公空间和咖啡厅。就算没有书架，也有图书馆和旧书店。说得极端些，就算家里没有冰箱，只要在便利店和超市购买必需品就好（顺便说一句，饭岛家没有微波炉和电饭锅）。根据这样的想法，夫妻二人开始细细检查哪些功能是家中绝对必要的。

此外，在公寓居住期间的改造经验，也给后来的生活带来了巨大的影响。他们大胆地将"田字形"的日式公寓，变成了融合兴趣与日常生活的开间。"我们发现可以通过设计实现舒适的生活，这是一项巨大的收获。"这成了建

空间利用

01

隐藏架

这是从二楼延伸到屋顶的通道。乍一看只是通道，其实两侧设置了被布覆盖的壁橱、书架、洗衣机和烘干机。夫妻二人每隔半年会进行一次"断舍离"，处理掉不会继续存入这一空间的物品。

造如今这座房子的体验之源。

两人之后居住的是涩谷区内的出租公寓，便利度提高了，但由于是集中住宅，周围也有很多让他们介意的事情。也许是因为公寓比以前稍微宽敞些，房间中逐渐堆满了东西，这也让他们感到恐惧。这样住下去就不妙了，于是二人决定建造独栋房子。"我们有买下公寓改造的经验，也有在都市中心租住公寓的经验。既然如此，下一步我们就按自己的想法来修建独栋房子吧。"

为了建造独栋房子，首先要寻找的就是土地。从谷根千地区到涩谷、惠比寿、自由之丘、世田谷等，夫妻二人转了东京市中心的各处，还把脚步延伸到了镰仓和三浦半岛。在这一过程中邂逅的，就是这块白金台的土地。"从白金台站向这边走，一路上有许多高大的树木……都市的正中心竟然留下了这么多树，真让人惊讶。我们对这氛围一见钟情了。"

面积有投币停车场两个车位那么大，建起一幢房子已是极限。到头来还是没法附带庭院，但青翠茂密的树木种满道路两旁，可以成为借景，如果把那里当作通道，那么就没有花钱修建豪华庭院的必要了（也可以说，庭院风景是从街道上获得的）。

空间利用

02

折叠车

由于宅地内没有停放汽车和自行车的地方，自行车被搬进室内保管。为将其占用的空间最小化，夫妻二人选择了折叠自行车（因为在东京市中心，只要有一辆自行车，就不需要汽车了）。照片里是丈夫的爱车。

接受了土地面积的两人立刻购入土地，下一步就是至关重要的房屋建造。他们基本上想要完全托付给建筑家的个性与设计力，但还是整理了细节事项，选出 50 个要点。比如一层做成起居室，浴室要做成他们要求的样子……"我觉得我们夫妻俩相当任性，明明交给了建筑师，却还想加入自己的意见。因为是好不容易建起的房子，所以只想填入喜欢的东西。"

尤其讲究的是一楼的起居室。夫妻二人想请朋友来吃点儿好的、喝点儿美的，还想开设料理教室。他们将这些要点传达给了设计"Designers 住宅"[1]的 Boo-Hoo-Woo，寻找能为他们实现全部要点的建筑师。"我们有种奇怪的信念：只要传达出要求，专家绝对会为我们解决。在这样的信念下，为了找到能够顺畅沟通的建筑师，花了很多时间。"了解了大约 15 名建筑师的方案后，他们终于遇到了 nico 设计室的西久保毅人先生。

室内配色是西久保先生的主意。虽然以棕色为基调，但黄色、绿色等颜色成为亮点，给人留下了深刻的印象。最终使用哪种颜色，他们一直纠结到了最后。此外，尽管

① 一种业主可以参与的房屋设计服务。

空间利用

03

凳子 & 垃圾筐

为实践最低限度的生活，选择两用的物品也是关键，这里的垃圾筐就是其中之一。既能用作垃圾筐，又能当作凳子，是椅子不够时的宝贵物品。

占地面积狭窄，但特意削减建筑占用的土地比例，以及被曲线吞入的部分，还是极具特征。"充分利用土地范围修建也是可行的，但那就完全不优雅了。虽然狭窄，但我们完全没有尽可能建座宽敞房子的想法，反而觉得通过削减建筑占用的土地比例，房子会生出更多的丰富性。"

小屋于 2012 年夏天动工，2013 年 3 月完成。宛若"森林小屋"的房子，轻松地融入了都会的森林中，从外面看如此，从里面看也是如此，实在有趣。室内的绿植，搭配建筑曲线的草木和大窗外白金台的保护林，三重构造模糊了家中与外部的界线，让人在家中也能时刻感受到"生活在这片街区"的氛围。

在建造如今这栋房子的时候，夫妻二人灌注了"希望房子受到当地人喜爱"的想法。"这是我们的家，但也是地区的资产之一。从一开始，我们就不认为这里只属于我们自己。"大量种植树木和花草，也是想为街区做出贡献。"托这个家的福，我们立刻就和邻居亲近起来。有人误把这里当成咖啡厅，还有人在房门前拍纪念照。这个家成了连接地区和我们的好装置。"

如今，两人在千叶县的九十九里租了别墅，享受着两点居住的生活，同时也在考虑自己动手建造小屋。"我们

空间利用
04

秘密空间

在一楼通向二楼的楼梯上，每一级都有一扇隐门。打开门，便会出现小巧的收纳空间。有的放书，有的储存日用品。连那些可能会成为死空间的地方都加以有效利用，是小宅子特有的设计。

想要进行模式切换，平时使用头脑，周末使用体能。身在都市，就会充满都市气息，但一到乡间，就将身体完全交给那片土地上的空气，会是种非常好的放松。"顺带一提，别墅的租金是通过周末在 Airbnb 上出租白金台的房子挣来的。"我们也出租过改造后的第一处公寓，所以从一开始就有建造美妙的房子并'让房子为我们工作'的想法。我们住的时候非常愉快舒适，通过 Airbnb 出租的时候，客人也用得开心，这让我们非常高兴。"除了住宿，二人还曾把房子出租给杂志，作为拍摄用的厨房演播室。

饭岛夫妻连续 7 期登上 Airbnb"超级房东"的最高等级，并出现在东京·个人住宅篇的宣传片中。"从美国总部来的负责全球宣传的工作人员说，纯粹的个人住宅类民宿在没有商业运作的情况下竟然能连续 7 期上榜，是极其罕见的。"作为一栋活用东京市中心特有地理位置的"赚钱的房子"，这可以说是最佳成功案例。夫妻二人说："自己喜欢的东西不要藏着，而是与他人分享，就会有更多人喜欢，大家都会幸福。"在自己的生活上继续保持最低限度，分享喜爱之物和必需品。在都市正中央的小屋中，充满了这对享受最低限度生活的夫妻独有的讲究与丰富的生活。

空间利用

05

小架子

房门上方靠近天花板的死空间设置了架子，用来保存资料等物品。由于位置远高于视线，完全感觉不到杂乱。不过摆放在那里的文件夹，还是经过了精心设计。

Q1. **果然还是不想要独立房间吗?**

想要独处时就会外出,所以没觉得有什么必要。在家里不设书房是因为可以租借联合办公空间,想读书时也有咖啡厅。

我之所以觉得没有独立房间反而更好,是因为那样一来在吵架时就很难走到断绝关系的地步。一旦有了自己的房间,就会逃进那个空间,但如果没有,就无法避免与对方接触,修复关系也自然会容易起来。

但是,如果喜好不同音乐的人们一起居住在没有独立房间的狭小空间里……或许就不行了(笑)。我觉得喜欢 J-POP 的人和喜欢蓝调的人共享狭小空间是相当困难的。

Q2. **你们考虑过资产价值吗?**

Q3. **收纳空间较少，没有感到不便吗？**

收纳空间多了，东西反而会增加，收纳空间多的房子最终难道不会更加不便吗？我们常说"做减法"，但是也有"一开始就不做加法"的思考方式。

所谓"还是有了更好"的东西，大多都是"其实没有也行"。前些日子，有个准备买土地建房子的朋友找我们商量，说他和妻子在是否要去掉天井、设置备用房间的问题上起了争议。所谓"还是有备用房间更好"，其实就像在说"现在没有也无所谓"。所以我表达了个人意见，认为还是到了真需要时，再改造增建房间为好。与其设置不用的房间，把东西堆进那里，不如修建采光的天井，每天想着"啊，心情真好"，这比一个房间、以及放入那里的东西要丰富多彩得多。

顺便一提，为了不增加东西，我家可是有"买一个就扔两个"的规矩（笑）。

这栋房子也许终有一天会当作资产卖掉，但这是我们自己和建筑师们想了又想、谈了又谈建造起来的，应该说滋润了每天的生活。我们只是单纯地乐在其中，所以希望人们不要有偏见，认为这是面向市场、用来投资的资产。在我们看来，房子不是资产，而是"用具"。通过这幢房子，我们和很多人结下了良好的关系，放在 Airbnb 上出租时，租借的人也格外欣喜。也就是说，这栋房子是连接城市、他人与我们自己的工具。

从家居建材中心
选材的自建小屋

"Self Build" hut of

Home Center

建材全部购自家居建材中心，
70 岁修建的至福兴趣小屋

03

始于·······················
2015 年 7 月
地区·······················
冈山县赤磐市
规模·······················
占地 330 平方米，
建筑 10 平方米，
平台 20 平方米
费用·······················
建筑 54 万日元，平台
23 万日元（初期费用）

冈山县赤磐市内大半被山林覆盖，绿意充沛。由于处在冈山市的通勤范围内，住宅区也不少。不过，尽管泡沫经济时期修建的宅地一直有买主，但没有建起房子的空置地也不在少数。

这栋小屋就建在那样的土地上。住宅区风格的笔直道路规规整整，却没水没电。原本应该建有许多房屋的地面正在回归原生林。小屋四周没有民宅，甚至让人会产生置身森林之中的错觉。

从朋友那里接受廉价转让，在这块土地上自建小屋的，是 70 岁的大河内先生。所有建材都是从家居建材中心购入的，建造时也没有借助他人之力。在一次次的错误尝试后，大河内先生建起了 10 平方米的小屋。那到底是个怎样的空间呢？

小屋本身有 10 平方米左右，但由于平台和小屋的开口部相连，开放感惊人！平台上设置了下挖式暖炉一样的炉子和桌子，随时都可以享受烧烤的乐趣。

室内配有自制装饰和与
爱好相关的小物件，充
实的空间让人无法相信
这里仅有 10 平方米。为
了与木制外观形成反差，
内部装修成了北欧风格。
圆形地炉的存在感，成
了与纯粹的北欧风格味
道不同的亮点。

Interior | 室内装饰 |

1. 在山里找到的气派的带角雄鹿头骨，旁边是"独自上梁"的头盔战友。
2. 摆上从自家带来的红色架子，建造能做简单饭菜的迷你厨房。
3. 小鸟摆件放在窗边。
4. 曾经的可爱家人也在悄悄守护。

5.6. 将隔板搭在柱子间形成架子，由于钉在横木条上，呈现出没有支撑的样子。

7. 窗户采用的不是玻璃，而是透明的聚碳酸酯，为了引风入内，做成了垃圾口样式。

8. 从二手用具店购入的家具和杂货并排陈列着。

1. 外观采用了冈山县的传统工艺 "烤杉板"。烤杉板不易腐烂，耐久性能较好。

2. 天花板上房梁裸露，蓝灰色与白色涂装演绎出通透的感觉。不仅灯饰的设计各不相同，帽子、长杖等装饰也足见功夫。

Tea Space | 饮茶空间 |

1. 复古火盆周围配置了自制圆桌，呈现出地炉的风格。
2. 在我乐多市购买的老式便当盒，用来盛放点心。
3. 挖穿木板制作的咖啡用具套装。
4. 珐琅水壶与小屋的氛围格外相称。

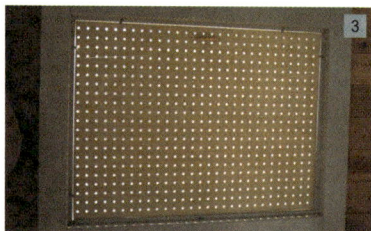

Window ｜窗户｜

1.2. 由于是简易建筑，所有窗户都被镶死，因此通风就要活用垃圾口。考虑到安全因素，垃圾口被设计成了无法从外面打开的模式。

3.4. 遮光板（冲孔板）代替了窗帘和防雨窗，同样是手工制作。

Bath Room
｜浴室｜

1. 厕所外有洗手用的水罐，也是在我乐多市购入的。

2. 简易厕所也很完备。如果把门设在室内，就会占用空间，因此特意把出口设在了室外。

03　两年两个月，"孤身一人"的挑战

BBQ 烤炉

↗

以烤炉为中心的桌子也是手工制作的。在水泥砖上方垒起角块，最上面安放装饰砖，就是烤炉。中间设计成了通气结构。材料费仅有 4488 日元（作为消耗品的烤网除外）。

大河内先生原本是陶艺师，曾就职于信乐烧的瓷砖公司，后在冈山开设独立工坊，最终成了冈山县立大学设计系的系主任。不过在建筑方面，他是彻头彻尾的外行，没有建筑经验是当然的，连图纸都没画过。但他原本就身在艺术领域，对"制作东西"毫无畏惧，还曾在自家院子里用黏土砖砌过池塘。偶然因朋友转让土地的契机而设想出来的这栋兴趣小屋，也可以说就位于那些经历的延长线上。

作为画图纸的代替，大河内先生首先描绘出想建的小屋，并制作了模型，尺寸是实际的十分之一。他通过模型充分考察了木材尺寸和组装方法，为能够建起十倍于模型的小屋做好了准备。看到第 60 页的模型照片就会明白，设计方案非常简单。"技术和知识皆不具备的自己要建起遮风挡雨的小屋。"大河内先生带着这样的想法，特意将小屋设计成了简单的形状。

对大河内先生来说，比设计更让他执着的是"独自一人建造小屋"。"一旦有伙伴，协调意见就会很麻烦。若是一个人，一切都由自己判断，失败了也不是任何人的责任。当然，和伙伴一起热热闹闹地干活儿也很开心，但如果很多人合作，这样的小屋转眼间就会完成，自己深思熟虑并

完成建造的乐趣就会被剥夺。"

　　除了独自建造，还有其他规矩，那就是"所有建材和用具都从家居建材中心购买（不使用特殊物品）"和"建材用吉姆尼①搬运"。按照模型尺寸的十倍切割建材、雕刻榫眼和榫头，以及涂装作业，几乎都是在自家进行的。将建材装进吉姆尼里，在建材中心、自家和建设预定地之间多次往返非常辛苦，但不使用特殊建材和用具的规矩，控制住了费用。小屋花费约 54 万日元，平台和烤炉花费约 23 万日元（之后又在小屋旁边修建了仓库，其费用也不过 13 万 5000 日元）。"不使用特殊建材和用具建造小屋是我最开心的事。如果以花钱为前提，那么只要找人帮我建就好了。"大河内先生说。

　　独自一人孜孜不倦地建造小屋并非易事。自家虽然距离并不算远，但连续往来实在疲劳，而且强烈的日晒、暴风雨以及刺骨的寒冷等自然的磨炼，都会成为室外劳作的敌人。何况大河内先生已经 70 岁高龄，比起年轻人，必然更对自己的体力感到不安。当然，他也曾数次想要寻求

① 日本铃木公司生产的轻型 ORV 越野车。

DIY 要点

02

用水系统

由于没有通自来水，饮用水和烹饪用水都是放在水罐里从自家带来的，而其他需要用水的地方，使用收集在雨水罐里的水。重要的是"享受不便"的态度，而不是"克服不便"。

帮助。"'尽可能想轻松些的自己'和'想要认真干活儿的自己'在作业中不断斗争。一旦做得马马虎虎，马马虎虎的自己就会出现。正因如此，如何不输给软弱的自己就成了关键。"

于是，大河内先生选择了给自己布置难题，即身为外行也绝对不能偏离"水平与垂直"。"只要能做好水平与垂直，就能建成可以安心使用的小屋。如果因为是外行就松懈地乱做一气，会变成外观和使用感觉都很不舒服的东西。虽然是门外汉建造的小屋，但我很想避免这种感觉。"

在无论如何都不想动手的时候，他就会毅然选择休息。这项作业既没有截止日期，也不会被任何人催促，只要在兴致到来时干到底就好，这样的判断对动力的持续是十分必要的。

小屋建成是在开工的两年两个月后的 2015 年 7 月。源自自己名字的"NOBRIN Hütte（NOBRIN 的小屋）"的地板面积仅有 10 平方米。但是，为了将平台和屋内空间连接起来而设计的双开门起到了效果，小屋并没有想象的那么狭窄。平台中间配置了烤炉，最多可以容纳 17 人享受烧烤的乐趣。这充满开放感的平台，正是为了在小屋

DIY 要点

03

长椅

平台的一部分变成了长椅，但也可以轻松拆卸，那样就会变成通向平台中央桌子的通道，便于来往。此外，为了在夜间也能确认平台的边缘，相应部分都涂上了白漆。

度过舒适时光而花费的最大心思，也是最有魅力的地方。

此外，由于小屋周围几乎没有遮挡物，通风良好也是这里的魅力。小屋内没有可以开闭的窗户，但也设置了用来通风的垃圾口。用大河内先生的话说，就是"最适合午睡的小屋"。除了午睡，他还经常一边聆听小鸟们的鸣叫，一边演奏吉他或长笛，独自享受时光。有时，甚至只为短暂的咖啡小憩而来。

这里虽然不通水电，但电力可以通过从自家搬来的电池供应，水则用水罐运来。冬季在火盆里点上火，放好油炉，便足够暖和。

大河内先生对小屋内放置的家具、杂货、物件的讲究，也是这里的看点。屋内摆放着许多从我乐多市等地淘来的复古物品。"我硬是把看起来像我乐多的东西放在这里，希望不再是消费品，而是'常用'物品。我想一边感受复古物品独有的扎实的素材感和经年之美，一边寻找小屋生活的更多乐趣。"孙辈们到访小屋时，和他们一起玩儿传统玩具也是乐趣之一。

充分享受小屋生活的大河内先生通过建造这幢小屋，得到了"时间的奢侈"。"这种程度的小屋如果外包，一周

DIY 要点

04

陶器

长笛挂件是大河内先生以前在瓷砖公司工作时自制的，大小和色调都与小屋的氛围非常吻合。大河内先生曾在小屋内吹奏长笛，享受与黄莺竞歌的乐趣。

DIY 要点

05

仓库

↗

工程总费用 13 万 5000 日元、花费两个月建起的仓库略带商铺的气息，外墙使用了经过涂装的地板材料和复合板。屋顶中央是采光用的半透明聚碳酸酯。红色的门栓是点睛之笔！

左右就能建好。但我硬是凭借自己的双手花了两年两个月。在退休以后，这是我第一次发现自己拥有如此的奢侈。"

小屋并不是建成就结束了。"建成后怎样使用，才是小屋的关键。时间久了就会朽坏，坏了就必须修理，周围的草也要除掉。就像饲养生物一样，小屋也始终需要照看维修。比起修建花费的时间，与小屋相处的时间要更长，所以我也想要珍视打理小屋的时光。"正如大河内先生所说，采访结束后，小屋的模样也在一点点产生变化。掌握了自建房屋的要领后，乐趣的范围正在进一步扩展。

顺便一提，大河内先生把建造过程详细整理并发布在了博客（http://nobrin7.exblog.jp/）上。建成后，他也一直在博客上发布关于小屋生活的内容。"我希望大家都能了解，就算是外行，就算上了年纪，就算不花钱，只要付出时间，谁都能修建小屋。"执着于家居建材中心能够买到的建材和用具，拒绝特别定制和外包，是因为想要告诉别人谁都能做到——大河内先生毫不吝惜地公开自己的诀窍，必定会让更多人像他一样享受到修建小屋的乐趣。

| **10 平方米小屋完工步骤**

简单来说，大河内先生自建小屋的工程，就是备齐建材在现场进行组装的"巨大塑料组合模型"式方法。这是在多次错误尝试后独自研究出的手法，所以并非建造小屋的"正攻法"，但可以成为"独自""低价"修建的参考。在这里，我们将会对其进行简单介绍，更详细的方法刊登在博客上，希望了解细节的读者请在那里查看。

01 制作 1/10 模型

"对于不了解细节和细微事项的外行人来说，绘制建筑图纸是不可能的。图纸是向他人传递信息的东西，而我是自己动手，所以这种程度的小屋是不需要图纸的。"

1/10 Structure model

02 购买柱子

购买 40 根长 3 米的廉价"强化材"用作柱子。为避免多余的裂纹，柱子是纵向切开的（称为"背开"）。

Purchase 40 pillars of 3 meters

03 在柱子上刻出榫眼和榫头

Confusing !!

有些地方还要刻上如此复杂的榫……这么复杂当然有弄错的时候，或是通过切割填补，或是用作支撑木，总会想办法渡过难关。

左：用锯切割，再用凿子修整。

右：用钻孔器挖出小洞，再用凿子修整。

04 在墙壁用木材上加入斜支柱

实际组装起墙壁用的木材，再决定斜着插入的加强材料（斜支柱）放在哪个位置。位置定好后，在墙壁用木材上刻出榫眼和榫头。

Insert diagonally

05 制作门扉

因为双面皆为杉木板，考虑到门的重量，中间的骨架做得较薄。先在一面装好杉木板，放入隔热材料，再安装背面的杉木板。

complete!!

失误！！忘记计算柱子的厚度了，在门上乱切一刀解决了问题（笑）。

06 组装实验 & 榫眼的调整

或许是因为柱子的木材不够干燥，拖拖拉拉的作业让榫眼缩小了！组装前再次调整。

07 制作屋顶

在经过防水加工的复合板（黄色的部分）上用和隔热材料厚度相同的木材做成格栅，再铺上隔热材料。复合板上涂有防水涂料。屋顶材料使用的是法国"永得宁"的产品。

ONDULINE set!!

08 凿出排热孔

防水胶合板和铺在上面作为外部材料的烤焦了的杉板也都开了小洞。圆规钻很难把控，于是使用了钢丝锯。

Warm vent hole

09 涂装天花板和柱子

用滚子在刨过边缘的复合板上涂装。

10 给地基材料涂上防腐剂

涂上名为杂酚油的防腐剂，但气味刺鼻，建议在开阔的地方使用。

Extremely smelly...

11 强化建筑用地

在浅挖的水平用地四边铺上石块（使用了挖掘地面时挖出的石块），固定后制作边框，灌入水泥，就完成了建筑用地的加固。

complete !!

失误！！
用水平线一检查，发现水平面最大误差达 2.5 厘米。配合水平线用瓦刀抹上灰浆，总算调整过来。

12 地基工程

Take a horizontal

垒起两块水泥砖，用灰浆填满缝隙。虽然麻烦，但必须在作业中保持水平。

13 固定地基材料

趁水泥砖间的灰浆还没有凝固，将地基材料组装好（不合规范的施工方法），用长钉固定。到处都钉满了钉子，以求坚实安定。用名为羽子板的金属部件将木材接合在一起，敲入镐子，再用钉子固定斜撑木，完成加固。

14 组装木材

最上面的长梁无法嵌进每根柱子的榫眼，曾让大河内先生焦虑了几秒，但稍微偏移后竟然奇迹般地嵌了进去，总算松了口气……

Raising up!!

从平整用地开始正好过了一年，成功完成独自上梁！

15 组装屋顶

屋顶工程是从在梁上设立脚手架后开始的。在主梁上搭两层板状梁，再铺上屋顶底材（防水复合板）和隔热材料。

16 在屋顶下方修墙

YAKIITA!!

复合板的接口用硅填充，上面盖上烤杉板。

↓

17 安装装饰板，铺设屋顶材料

　　紧贴屋顶下方的"装饰板"因为太长，安装起来相当费劲……害怕铁钉将来生锈变丑，使用了铜制的长钉。

失误！！
左右两边屋顶材料的弯曲程度不同（前方的屋顶材料边缘下垂）。在前方屋顶材料的装饰板下方垫上木头，抬升屋顶，终于取齐了弯曲程度。

18 在地上铺好隔热材料和防水复合板，安装门扉

　　事先用防水涂料（淡赭色）涂好门扉两边，再用合页安装。为防止风从两扇门的缝隙中钻进来，一扇门扉上钉了宽6厘米的盖板。

↓

19 外部安装复合板作底

　　复合板的接口用硅填充，上面施以防水加工，再铺上烤杉板。

A bit more

20 安装舱口式窗户

填入隔热材料，用胶合板封闭后进行涂装。为了完成得更漂亮，舱口式纹窗是事先涂装好的。安装时使用的是合页。

STRIPE WINDOW!!

↓

21 在外部贴满烤杉板

在底层复合板上涂好防水涂料，贴上烤杉板。结束此项后可为门镶上玻璃，外部工程就基本完工了！

Almost completed!!

22 内部装修

为了让室外的聚乙烯桶中的水流到室内，制作了厨房的水龙头。然后按照厨房周围→安装地板→安装墙壁的顺序进行内部装修。地板材料是最便宜的杉木，多余的材料涂上油性着色剂，用作墙壁的一部分，最后为地板涂上稀释两倍的油性着色剂，在和墙壁的交界处嵌入装饰横板，内部装修就完成了。

↓

23 防雨 & 排水工程

挖出排水沟并放入管道，让雨水管里的水和厨房的排水都流入房屋用地外围的侧沟里。再盖上土藏好，就完成了！

修建平台!

24 安装地基

为节省短柱，使用了较高的短石。上面用螺丝钉临时固定 2 米 × 4 米的板子，并涂上防腐剂。在短石和板子之间放入螺母，可避免缝隙间积水，是这一步的关键。

POINT!!

25 铺地板

用螺丝钉固定涂好防腐剂和涂料的地板。

26 铺装水泥砖

BBQ!!

用 6 厘米厚的水泥砖代替灌注水泥，上面放置用水泥砖和黏土砖做成的烤炉。

27 制作帐篷用的木框

在地面埋入能够插进柱子的短石，固定棱柱拱门的门脚。从拱门处将缆线伸向小屋外墙，挂上帐篷，即大功告成!

FIN!!

10 平方米小屋的修建费用	
木材·复合板	312714 日元
水泥砖	9705 日元
水泥	51833 日元
屋顶材料	28152 日元
隔热材料	7888 日元
玻璃	6480 日元
钉子·金属类	73648 日元
油漆	48222 日元
合计	538642 日元

* 平台 & 烤炉另行花费 234050 日元

不断进化的"半自建"小屋

HALF-BUILD CONTINUES to EVOLVE

自己边建边住，用心满满的小宅

04

始于·····················
2015 年 8 月
地区·····················
静冈县
规模·····················
建筑约 30 平方米，
总使用面积 60 平方米
费用·····················
未公开

在离富士山静冈机场不远的地方，有一处被农田包围的村落，这座小屋就静静地建在那里。生活在这仅有 9 坪的住宅中的，是村松夫妻。从那简洁时尚的外观上，我们很难想象室内满溢着木头的温暖……从墙壁、柱子到屋顶内侧，到处都是裸露在外的木材。没错，其实这栋房子还在"修建中"，是半自建的。

专门制作窗框的丈夫和喜欢 DIY 的妻子选择了这样的居住方式：将外行人没法动手的工程交给专业人士，力所能及的地方则亲自上阵。"我们不断追求自我的生活方式，一边居住一边加工自己的家，非常开心。"不过，采取半自建的方式也经历了许多辛苦。让我们赶快来看看这对夫妻引以为傲的半自建小屋吧。

从楼梯俯瞰一楼的起居室。由于放
置的家具控制在了最低限度，看起
来清爽又宽敞。

台阶高度刻意设置成了较低的 18 厘米。"我们想在上了年纪后也能轻松上下楼梯。"

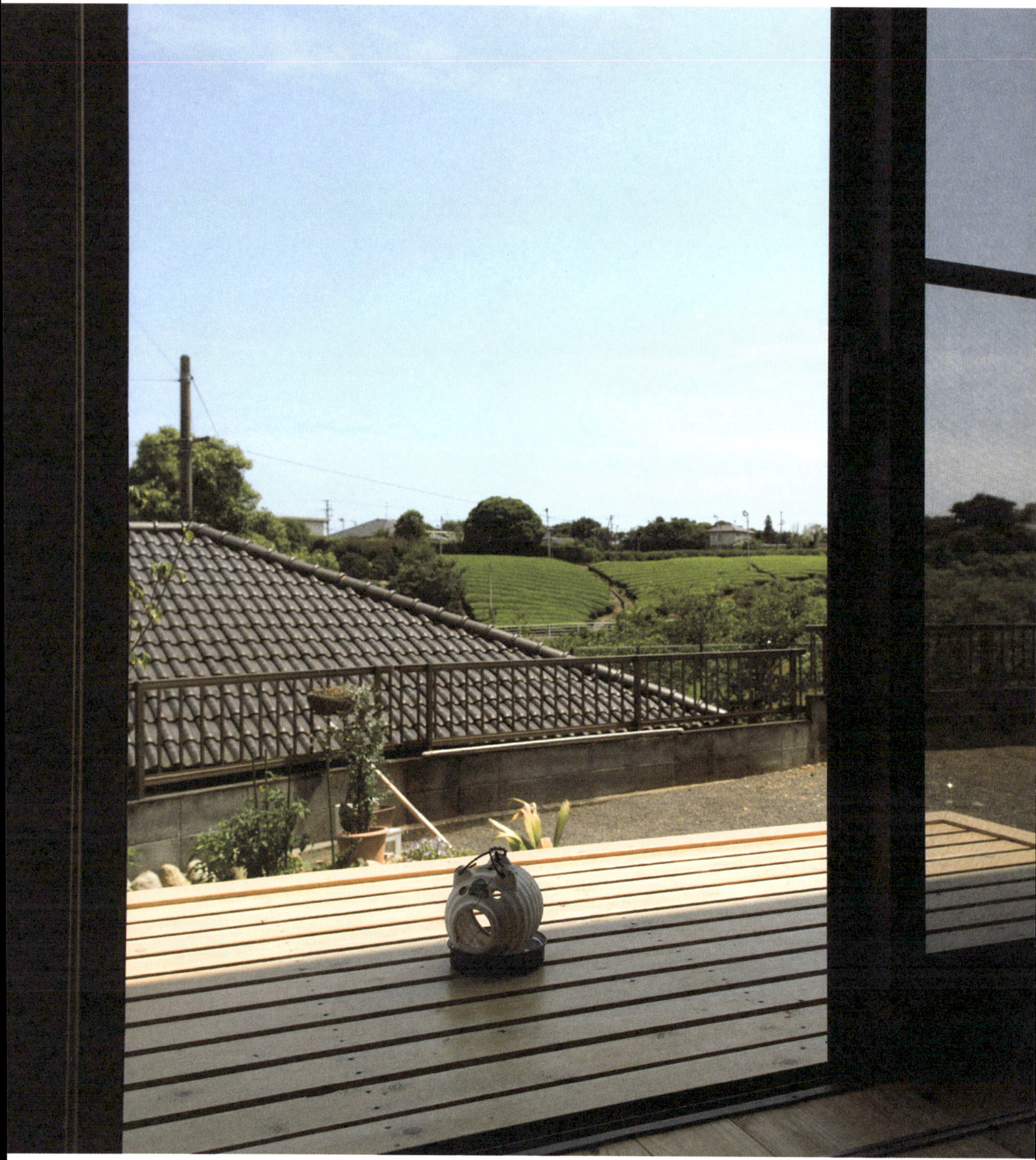

茶园和广阔的天空带来宽广的视野。只有在静冈,才能从自己的家中眺望茶园。可以感觉到风中混合着些微茶香。

VENTILATION

| 通风 |

1. 室内没有划分空间的物品,从窗户进来的风一直顺畅地通到厨房,即使在盛夏也凉爽得几乎不用开空调。

2. 小屋位于高台之上,周围没有遮风的建筑,这是关键所在。当然,这里视野极佳,天空看起来也一望无际。

屋内没有隔断,但为了避免从玄关处一眼望穿,特别布置了自制的屏风,用来遮挡视线。一点起灯,便会成为房间的亮点。

01

1

2

POINT.
01

WINDOW ┃ 窗户 ┃

1. 每一处窗框都体现了细腻的设计。

2. 用隔扇代替窗帘，意外地起到了隔热效果，只要拉上隔扇，
房间就会暖和。由于建筑本身很难结露，隔扇也非常耐用。

KITCHEN

| 厨房 |

用白色材料调节台面的纵深和
入口的宽度，营造出没有压迫
感的空间。顺便一提，餐具架
是从以前的住处搬家时带来
的。

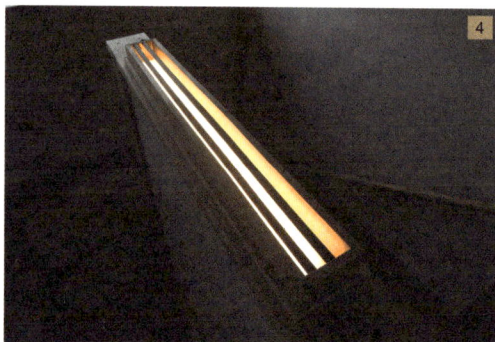

UPSTAIRS

一二楼一

POINT. 02

1. 6 叠房间、3 叠房间和设有吧台空间的二楼。从拉门上还什么都没有安装就能明白，这里还在建造中。完成后会是什么样子呢？

2. 内侧屋顶也呈现裸露状态。由于充满开放感，夫妻二人也在考虑是否要刻意不做天花板。

3. 房间上部设置的神龛是丈夫手工制作的。

4. 在楼梯扶手上配置灯具是照明负责人的提议。一开灯，房间整体和楼梯都会明亮起来。

5. 能远眺茶园的旅馆风格吧台桌。这是夫妻二人充满讲究与自豪的空间。

02

充满温暖的两把木椅子出自丈夫之手。听说最开始本打算购买市面上出售的椅子。

MATERIAL 一 材料 一

1.2.3. 家中洋溢着木材的质感。无论是金属配件还是木材上的文字，都故意裸露出来，这正是村松家的做法。

4. 没有隔断楼梯间，而是用木材制造缝隙，给人柔和的印象，也能达到扩展房间纵深的视觉效果。

一 工具 一

DIY TOOLS

1. 楼梯下方、玄关旁边的空间是收纳工具的仓库。

2. 打开门，里面堆满了DIY需要的工具。包括丈夫在内，夫妻二人有许多从事建筑工作的熟人，因此收集工具非常容易。

1.2. 用最低限度的木材简单修建出的玄关周边，前方是停车位。

3. 夏夜里凉风习习，春日里阳光和煦……在手工修建的外廊上度过的多彩时光，是任何事物都难以代替的。夫妻二人也想在院子里享受烧烤和家庭菜园。

04 可能性无限的 9 坪① 全新半自建小屋

搬离居住了二十年的集中住宅区，选择全新的半自建小屋，这就是村松夫妻。当初二人曾考虑购买二手住宅并进行翻修，却怎么都找不到理想中的房子。不过偶然参观这片土地时发现的景致让他们格外中意，于是决定购入，并在那里建起全新的独栋建筑。

针对 52 坪的土地，建筑业者提出了 27 坪的房子与两车位的方案。好不容易要建独栋，夫妻二人也想要一座能够享受家庭菜园和烧烤的庭院，但别说菜园了，就连能修庭院的空间都没有。正当他们准备放弃时，另有业者提出了"9 坪小屋"。"如果房子建成 9 坪，那么不仅停车场，庭院和菜园的空间也能得到充分保障。而且造价低廉，还能根据生活的变化随时扩建，这也是吸引人的地方。"妻子说道。

在为了寻找房屋而收集信息的过程中，妻子找到了 9 坪小屋的书。即使房间狭小也能舒适生活的 9 坪小屋的居住方式不知不觉吸引了她，但丈夫曾表示反对。正当她想着"理想和现实果然不同"而准备放弃时，建筑业者提

参考

01

备忘录 📖

二楼吧台桌参考的"俵屋旅馆"的照片，是建筑家伊礼智先生在博客上介绍的。夫妻二人被拥有吧台的空间吸引，想在自己的家中也设置这样的吧台。

---

①日本传统面积单位，约合 3.3 平方米。

出了这样的方案。以此为契机，夫妻二人重新商量起小宅邸生活的方案，此时他们遇到的就是 i-works project 的住宅。

I-works project 是建筑家伊礼智以"微小却多彩的住宅"为目标设计的标准住宅。妻子对其中的 i-works 2.0 的房间布局尤为中意，认为应该亲眼见识一下，便和丈夫一起来到了位于名古屋的某间样板房。"对方提出的方案是 9 坪的双层小屋。样板房有 22 坪，稍微宽敞一些，但布局非常相似，能够体验到狭窄。"丈夫也表示同意，于是决定修建 9 坪小屋。

话虽如此，但即使在工程开始后，不安也无法完全抹去。"最不安的是看到地基的时候，小得让人吃惊。当柱子立起来，呈现出外形时，确实比想象中要宽敞，但建起外墙后还是担心，觉得果然还是很窄啊。"

妻子尤其担心的是厨房空间。在集中住宅时，她最讨厌的就是又冷又暗的厨房。正因如此，她一直希望新房的厨房光线明亮，远离孤独。"为了不让新房的厨房感到哪怕一丝狭窄，木工现场调整了台面的纵深和入口的宽度，还贴了白色材料，形成没有压迫感的明亮厨房。"

专门制作窗框的丈夫则极度执着于不要安装占空间的

参考

02

书籍

为了在生活中减少物品，夫妻二人参考了以伊礼智先生的书为代表的多种书籍。其中插画作家池田晓子的《立刻找出必要物品！选取整理术！》在夫妻二人看来"和我们的情况正相符，实践起来非常容易"。

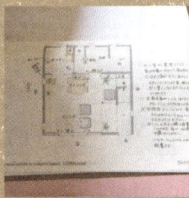

参考

03

制图

作为半自建房屋出发点的图纸，以从某一网站下载的图纸为基础，从厕所的配置、冰箱的位置，到玄关的台阶高度都详细记录了下来，写得满满当当，也没有遗漏为了年老后仍能继续居住而做的考虑。

合页门。这栋房子中的合页门只有楼梯下的仓库一处（连玄关都是拉门）。一楼甚至连空间都没有分隔。托这一设计的福，屋内没有形成因开关门带来的死角。

除了没有合页门，屋内的独特之处还在于没有用来遮挡视线的窗帘，取而代之的是隔扇。这点也参考了i-works 2.0。"在遮挡视线的同时，从隔扇射入的光在屋中温柔地扩散，真是用对了。其实，因为担心窗户结露，最初我们是不想用隔扇的。但实际一住进来就明白，这栋小屋是在考虑通风的基础上建造的，就算和室外有温差，也不会结露。"

接下来，让我们从尺寸和内部装修的经历转移到半自建的话题。说到半自建的"半"，"到底会建造到哪个阶段才交付给我们呢？"答案是"在没有处理墙壁的状态下交付"。话虽如此，仅凭夫妻二人搬运并设置石膏板果然还是太困难了。于是两人趁脚手架和工人都还在现场进行作业的时候，请对方搬运石膏板，然后自己安装。设置垃圾口的隔扇、盥洗换衣处的拉门和楼梯下方的仓库门，打磨暴露在外的竹子，这些作业也都是交付前在现场完成的。为了半自建而以外行人的身份涉足建筑工地的妻子，始终留心的是"不要受伤"。她遵从早已习惯工地的丈夫的建议，即使在地板铺好后也依然穿着室内鞋工作，从头到尾都在努力防止受伤。"我们要是受伤了，就会给在工地为我们努力的工人们拖后腿。爬脚手架之类切实会伴随紧张感的作业自不用说，无论多么习惯工地，都不能信心过度，总之我们一直在注意，尽量不要制造可能会引起受伤的问题。"

顺便一提，选择半自建是因为"想边建边住"。在因工作而拜访过各类工地的丈夫看来，多数委托人都会将工地全盘交给工人。"但这是在修建我们自己的家，应该多去工地，多上点儿心，我是有这种想法的。"若是半自建，那么不只是上心，还能亲手"建造"自己的住宅，而不是购买成品，意义就在于此。

工程于 2015 年 8 月交付，夫妻二人开始了 9 坪小屋的生活。为了不让客人觉得难看，两人提前完成了一楼的作业，但二楼仍然停留在只安装了石膏板的程度。固定资产税的调查负责人，曾对这栋小屋感到相当困惑。"特别是二楼，当时还没有隔断，所以似乎无法判断是大厅还是房间。因为和普通的住宅不一样，对方说'我从没见过这样的家'，我们还有点儿优越感呢（笑）。"

几个月后，二楼的石膏板上贴上了材料，也做好了壁橱。最让二人中意的就是二楼的吧台。这是他们参考伊礼

参考

04

网站

妻子参考最多的是 i-works 2.0 的住宅。这一项目由伊礼智先生主持设计，将狭小却多彩的房子以标准住宅的形式呈现出来，价格也比较亲民。从修建小屋前开始，妻子就经常浏览这个网站。

智先生博客上俵屋旅馆的吧台制作的。"我们使用外甥送的木材，请木匠安装好了。那里成了一个简单的咖啡吧，可以一边赏景一边喝茶。"

加上二楼，总面积是 18 坪，两人不得不过最低限度的生活。但在搬到这里之前，村松夫妻的东西就很少。一切都源于 2009 年的骏河湾地震。经历过铁架子倒塌等危险，两人果断处理掉了不需要的家具。带到新居的只有两件喜爱的家具，以及冰箱、洗衣机和煤气炉。然后尽量将上班与家务兼用的洋装"制服化"，并处理掉全部带花纹的餐具，最低限度地购入看起来清爽无纹的餐具。

夫妻二人表示，今后"还想让尚未着手的儿童房间变得更充实一些"。房顶内侧依然保持裸露，但他们已经在商量去掉天花板，建起阁楼。"下定决心时就能立刻追加，这也是半自建独有的优点。"丈夫欣喜地说。每次环顾家里各处，夫妻二人常会想起施工中的多彩片段，聊得热火朝天。"这个家还远远未完成。我们想一边重复加加减减，一边迎接愉快的老年生活。"伴随时光进化的 9 坪小屋，今后一定会在夫妻二人手中变成更加美妙的地方。

参考

05

样板房

为体验小屋的狭窄，夫妻二人也参观了位于名古屋的 i-works 2.0 的样板房。"我们并不觉得那里比想象中更狭窄，就算狭窄，也能做出各种各样的设计，于是我们下决心建起 9 坪的小屋。"妻子说。

和孩子们一起生活的
山中改造小屋

Renovation hut

spend with

children

在 30 平方米小屋中的一家四口，
与自然同生同息

05

始于······
2014 年 12 月
地区······
山梨县南巨摩郡
规模······
占地 120 平方米，
建筑 30 平方米
费用······
未公开

从甲府出发，乘坐电车和巴士，一小时就能来到坐落于山间小村中的小屋。在这个家里，住着三年前搬来的 A 先生一家四口。A 先生原本就对在山间居住以及蒙古包之类的小屋抱有憧憬，此前他住在山梨县内一栋宽敞的古老民宅。后来各种各样的契机重叠在一起，让他下定决心移居此地。现在，他们一家四口居住在这栋房子里（还有狗和猫）。

入住前，小屋进行了改装和增建，但面积约 30 平方米，对一家四口来说绝不宽敞。而且在这片冬季积雪逼人的土地上，几乎没人使用天然气，洗澡也是烧柴。这种让人联想到禁欲主义的居住方式和生活状态到底是怎样的，就让我们来一探究竟。

左手前方的木柴暖炉，也曾在以前的住处使用。通过远红外线效果缓缓加热，在冬天非常好用。

由于通风良好，夏天经常窗户大
开。和风拂面、阳光暖人的双层
床，是猫咪们的午睡据点。

Table & Chair

| 桌子 & 椅子 |

1. 厨房和桌子以木柴暖炉为中心排列，暖炉也可用来烧水。

2. 颇有意趣的桌子原本是制作山梨乡土料理"馎饦"①的台子。桌子下方的死角活用为收纳空间，让房间看起来更宽敞。

椅子下方也化身收纳空间。珍贵的椅子既符合古董爱好者A先生的品味，又与小宅相得益彰。

POINT.
01

①一般用平假名写作"ほうとう"，是一种扁平的面条，与南瓜、香菇、蔬菜等煮在一起食用。

Kitchen

| 厨房 |

1. 没有完整的空间隔断，但悬挂布料稍微起到了分隔空间和遮挡视线的作用。

2. 厨房里放不下的东西并未勉强放在室内，而是利用室外的架子进行收纳。只要放在稍微伸手就能拿到的范围，就没有不便之处。

Back door

| 后门 |

1. 右后方能看到与外厨房相连的后门。中央深处是浴室入口。我们稍后还会介绍，洗澡水是用木柴烧热的。

2. 从二手用具店购入的课桌，也用来收纳器皿。

3. A先生饲养的甲斐犬君，熟知家里最凉快的地方！

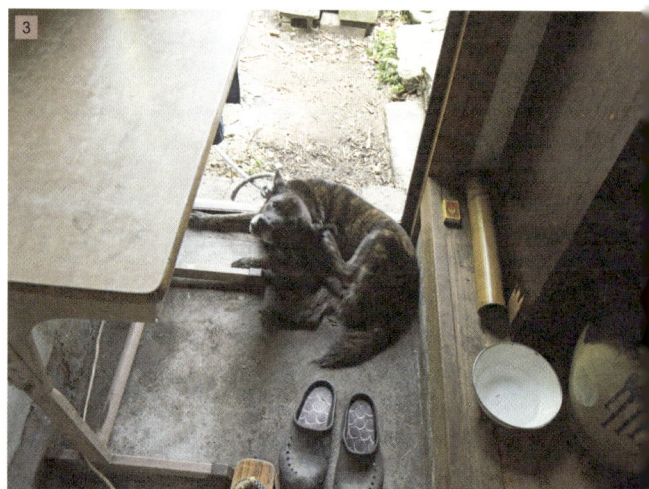

Storage | 收纳 |

1. 篮子也承担了少量收纳工作。
2. 陶艺家手制的器皿都收纳在复古架子上。
3. 拆除石膏天花板，只留下部分构架用作收纳空间，将非当季的衣服放在包袱皮和篮子中，还设置了竹竿用来挂洋装。

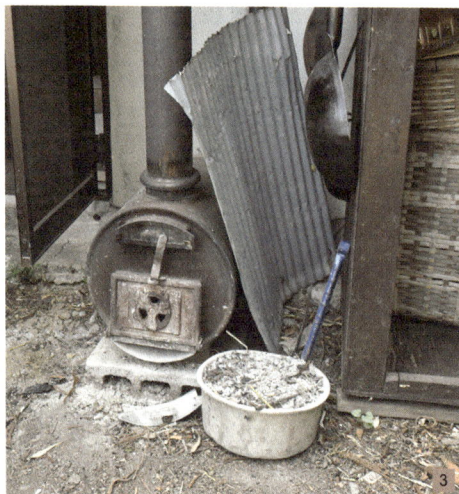

Bathroom

| 浴室 |

1. 据 A 先生介绍，在搬到这栋小屋之前，他们也一直用木柴烧洗澡水。从烧柴开始，这里的洗澡水需要一个半到两小时来达到合适的温度。
2.3. 在后门旁边的锅炉里烧柴，是孩子们的工作。

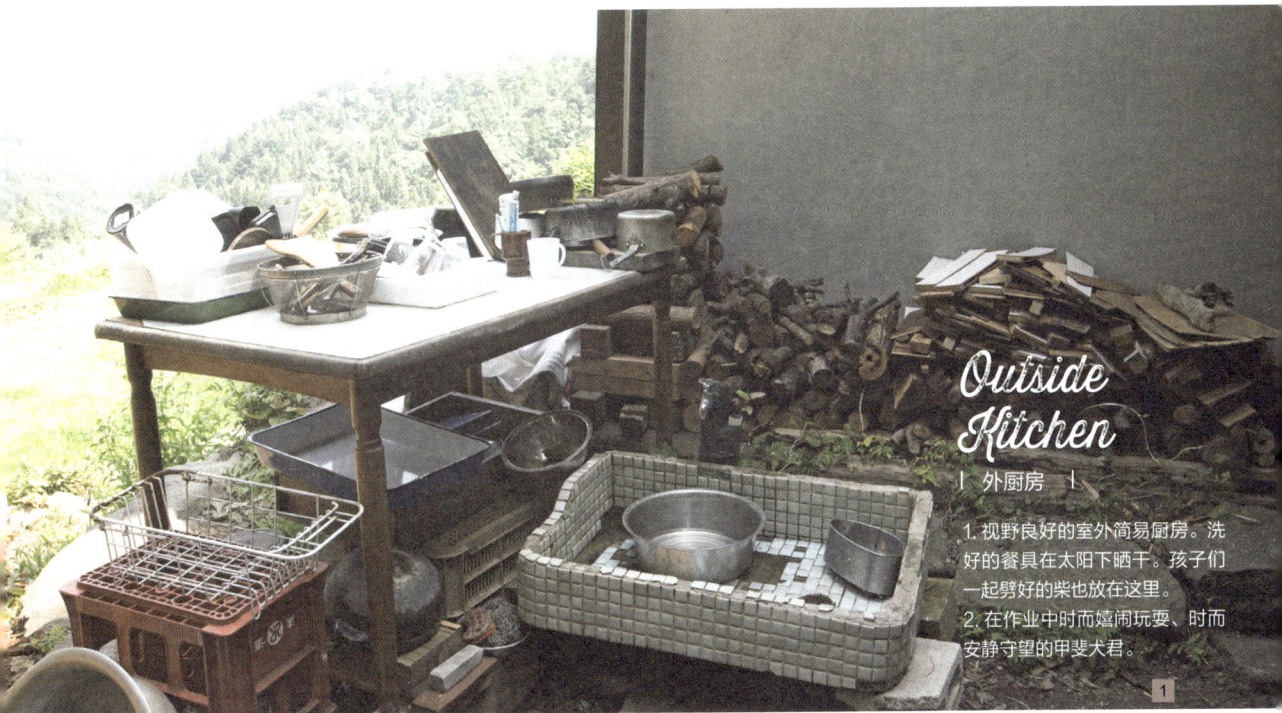

Outside Kitchen

| 外厨房 |

1. 视野良好的室外简易厨房。洗好的餐具在太阳下晒干。孩子们一起劈好的柴也放在这里。
2. 在作业中时而嬉闹玩耍、时而安静守望的甲斐犬君。

Terrace

| 露台 |

1. 入住半年后增建的露台，在巨大的榉树下放上桌椅，仿佛室外的起居室。

2. 山梨县的山中常有鹿出没，鹿角也是帅气的装饰。

3. 小河紧挨着露台流过。

4. 玻璃杯和托盘都是 A 先生按自己的品味选的。

5.~8. 有的篮子是从出售旧农具的店铺购买的，都是和被自然环绕的小屋完美相称的物品。

9. 按家庭人数准备的长靴，在劈柴和室外工作时也会使用，呈现出全家人合力生活的模样。

Garden | 庭院 |

1. 大量木柴用于暖炉和烧洗澡水。
2. 瓷砖的质感呈现出深邃的意趣。
3. 日照良好、便于晾晒的庭院。采访当天不巧多云，但据说天气晴好时能望见富士山。

05　增进家人交流的小屋

孩子与动物

01

双层床

卧室兼儿童房的空间里设置了两张双层床。如果按人数铺上被褥，会发现出乎意料地占地方，被褥的收纳场所也很让人头疼，双层床就不存在这个问题。它是有效使用狭窄空间不可或缺的道具。

　　A 先生与这栋小屋邂逅，是在 2014 年夏天。当时，他半怀兴趣地参加了面向有意移居者的空屋旅行团。此前，他一直住在别处一栋宽敞的旧民宅里，但某次大雪几乎摧毁了屋顶，他开始感到危险："应该继续住下去吗？"此外，打理过大的房子也是件麻烦事。"要是小房子，独自一人也能爬上屋顶，打理起来就很方便……"邂逅就是在冒出那种想法不久后发生的。

　　在空屋旅行中偶然碰到了不错的住处，A 先生想要立刻搬过去，但他也非常烦恼：可以这样擅自决定吗？不过，他的烦恼不过是杞人忧天，家人们都极其中意这个地方。这里拥有能够眺望富士山的山间田园风光。"这里有田地的香气。"孩子的这句话成了 A 先生下定决心的契机。

　　为了搬家，他把原为 L 形的 1K 空间①变成了 30 平方米的长方形布局，水管、浴缸等用水的地方也进行了改造。增建和改造费用的 1/3 是靠补助金提供的。

　　顺便一提，许多自治体都为移居提供补助金，特别是离首都圈较近的山梨县。例如市川三乡町"为夫妻一方在 40 岁以下的年轻住户提供最多 100 万日元补助"，上野

_____

①指厨房（kitchen）和卧室相互独立的房型。

原市"为登录在空房银行①中的房屋的改建及遗留物品处理提供最高 50 万日元补助",韮崎市"为登录在空房银行中的房屋翻修工程和财物处理提供总费用二分之一的补助,翻修工程最高补助 100 万日元,财物处理最高补助 10 万日元",北杜市"为有孩子的住户提供住宅购买补助,新建房最高补助 150 万日元,二手房购买与翻修最高补助 100 万日元,住宅贷款补助每年最高 20 万日元,最多 5 年"。详细情况请各位参照移居支援网站。

那么,题外话到此为止,让我们回到 A 先生一家移居的话题。新居已定,改造一完成,等待他们的就是搬家的准备。从极其宽敞的旧民宅搬到只有 30 平方米的小屋,家里的东西理所当然要大幅度减少。据 A 先生说,"衣柜和洋装处理了相当一部分,行李减少了一半"。但其中也有无论如何都想带来的东西。"一直喜欢用的晾衣架、砂锅、菜刀,从六七年前开始就必不可少的木柴暖炉以及烧洗澡水的锅炉,我们只带来了喜欢的东西。"

从以前的房子带来的暖炉和锅炉,仍然活跃在如今的生活中。用木柴烧洗澡水,冬季用木柴暖炉取暖——和"便利"相去甚远的生活,并没有让家人们为难。"在以前的

①日本一些城市通过政府公开可用来租售的空房空地信息,并协助买卖双方联系,是一种促进地区活性化的制度。

孩子与动物

02

书桌

正在上高中的孩子的学习桌。在准备考试等想要集中精力学习的时间,就会在书桌周围拉上帘子,分隔成学习房。顺便一提,除了教科书和参考书,孩子们读的其他书几乎都是从图书馆借来的。

孩子与动物

03

黑板

露台的桌上放了块小黑板，可以用粉笔自由地画画、留言，成为交流的工具。采访当天，A 先生朋友的孩子也在上面画了很多，大家都乐在其中。

旧宅也一直在用木柴烧水取暖，孩子们都习惯了，烧洗澡水也已经成了孩子们的固定工作。"

自从住进这栋小屋开始，"家人"增加了，这也是生活愉快的理由之一。原本猫和狗各养了一只，现在新加入了两只猫。庭院宽敞，即使总共有四只"家人"，也不会给邻居造成麻烦。因为这一点，在至今若干次搬迁的过程中，孩子们最喜欢的就是这里的生活。

一家四口已经在这栋小屋住了两年多，A 先生笑称"哪里都很喜欢"。"尤其觉得建了露台真是太好了。"巨大的榉树营造出阴凉，夏季的露台会变成凉爽舒适的户外起居室。一边听着近在身边的小河潺潺流过，一边喝着冰凉的麦茶（或者啤酒），悠然感受清风拂面，这是任何东西都难以代替的时光。夏季的夜晚还能看到萤火虫。另一方面，据说这里蚊子很少，所以全是优点……刚想到这里，就听到了"周围全是树，所以秋天的落叶可是不得了（笑）"。住在山里的时候，只有这点是无法避免的。

让我们来看看令人在意的室内的样子。一家四口生活在没有隔断的空间，始终处于一走路就会撞到某人的状态。只要在地板上放东西就没有下脚的地方，所以勤快收拾是必须的。与此同时，不增加物品也是重要前提。"我们要求孩子们也必须遵守买一个东西就要减少一个东西的原则。"此外，在以前居住的旧宅子里，上高中的孩子一直用厢房作为自己的房间，和那时相比，如今的环境有天壤之别。虽是渴望独立房间的年龄，但在这栋小屋中，这一点也难以实现。为此想出的办法是在书桌四周用窗帘做出隔断，创造出私密的空间。这样几乎能遮蔽所有的视觉信息，但难以遮蔽听觉信息，有时还会和在帘子里大音量播放收音机的孩子发生争执。"但是，我们的交谈也因此增加，因为只有一块布。也能感受到彼此的气息。从这层意义上说，交流可以说是压倒性地增加了。"

家人的交流因狭窄而增加，"伫立在东京市中心的设计师小屋"中的饭岛夫妻也提到了这一点。就算吵架也不能躲进自己的房间，双方不得不面对面说话，争执也会很快收场。这是小房子的巨大优点。

其他方面也有各种优点：一住进小屋，打扫就会变得轻松，还会为腾出哪怕一点儿空间而特别在意整理收纳，东西也很难增加……A 先生自己切身体会到了只有小房子才有的好处。当然，缺点也是存在的。"一下雨，衣服就必须晾在屋里，空间就没了。还有，因为家里狭窄，没法轻易邀人做客。要是请对方住下，就只有住在帐篷或车里，感觉很过意不去……"

在不断认识到缺点的同时，A 先生也发现只有"拥有

孩子与动物

04

猫

A 先生家里共有三只猫。小屋在温暖的季节时常窗户大开，猫咪可以自由进出。最中意的午睡据点是双层床上方。"猫比家人更知道哪里的光照和通风更好。"

自我风格的人",才适合小屋生活。用他的话说,"能确定自身喜好和必需品的人"才更容易适应。能够做出"买了这个就必须处理掉别的东西"的选择,也就是对物品抱有信念的人,才适合小屋。

将不适合小房子的钢琴搬进这个家,也是 A 先生思考后取舍的结果。如果不搬入钢琴,或许能带来许多别的东西,也能使用更宽敞的空间。但 A 先生没有做出那样的选择,应该说展现了他的某种信念。

话说回来,什么样的人才适合乡下生活?这一地区海拔较高,冬天的积雪格外严重。一旦遇到大雪,就会陷入孤立,无法开车下到城镇。然而即便是在这样的土地,也有人能够愉快地生活。"那样的人也许不仅对自己的生活感兴趣,还对他人的生活感兴趣。乡下的老爷爷老奶奶很多,有很多事必须互帮互助。如果不能分享那些人的悠然时光,或许就很难在乡下生活。"

生活在小屋里的一家四口(和四只),与自然共存,同时分享乡下的人际关系。那样的家庭生活方式,今后或许还会不断增加。

孩子与动物

05

狗

与三只猫和睦共处的甲斐犬君。甲斐犬是山梨本地自古流传下来,狩猎本领高强的犬种。在 A 先生家中,它的地盘是后门附近,总是温柔地守护着烧洗澡水和做饭的家人们。

Off-grid hut blends with nature

06 融入自然的自供电小屋

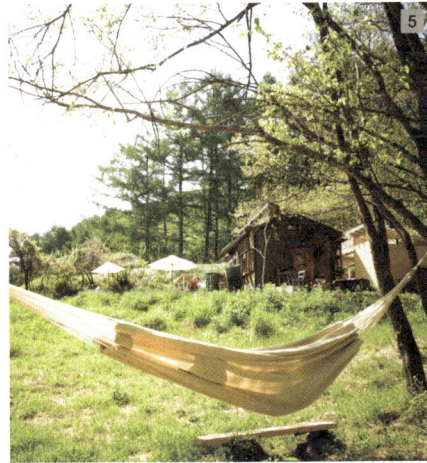

1. 小屋的高度加上平台的高度，让室内到室外成为无缝衔接的空间。
平台上没有安装扶手和栅栏，也是让人感觉风景连成一片的关键。
2.3.4. 以灰浆的白色为基调的室内。
5. 享受每个季节的表情。

06

芬兰的经验引导小屋完工

运营包租的住宿设施"山村露台"的是岩下先生。小屋的建造始于"建一座近似秘密基地的小屋"的想法,这是他和高中时代当地的八位朋友一起提出的五月黄金周的活动方案。他们立刻就开始在朋友的亲戚位于半山腰的一块休耕的土地上修建小屋,但由于都是门外汉,黄金周里完成的只有地基。"而且水平线乱七八糟,导致后来的内部装修花了很大力气。安装内墙也全都是现场调整,把长方形的胶合板锯成梯形或菱形再安装……"

黄金周结束后,作业也在继续。因为没电,除了充电式的机械,基本上都靠人力。直到 8 月下旬,主结构、屋顶和外墙的工程完工。"秋风一吹,突然回过神来:我们到底在干什么啊。一想到这里,一下子就泄气了。之后的两年,我们几乎没有再管。"

在小屋未完成的状态下前往芬兰的岩下先生体验了夏日小屋的文化和森林中的生活,受到了巨大影响。"在森林小屋中生活到底是怎样的?"也想实践一下的岩下先生带着"好好建成未完工的小屋,在那片土地上确立小屋生活"的决心回国了。

随后就是独自一人住在小屋里作业的日子。外部结构、内部装修、厕所、自供电系统,一点点着手添加。

始于……………………
2011 年 4 月
地区……………………
长野县南佐久郡
佐久穗町
规模……………………
19.9 平方米
费用……………………
150 万日元(初期费用)

电力来自太阳能发电的独立电源系统。南侧的屋顶设置了两块 175 瓦的太阳能板。通过两块 115 安的深循环电池，以及 1000 瓦的变频器和放电控制器，使 LED 照明、冰箱、音响、换气扇、电脑和手机的充电成为可能。

饮用水利用了地下水，每周用两个 20 升的水罐取水一次。生活用水是从沼泽地引过来的，由于利用了高低差，并不需要水泵就能完成。

小屋里还有厕所和浴缸。厕所是在地面挖出深 1 米、宽 1.5 米的洞，把便器放在上面。洞一共有三个，"积满了就用下一个"，不断重复。三个全部积满需要九个月，但那时已经处于分解状态，不会再有恶心的臭气。这些全部作为堆肥使用（现在也设置了加拿大 SUN-MAR 公司生产的堆肥厕所）。"洗澡时我会去有五分钟车程的洗浴设施，偶尔也会用金属桶浴缸烧水洗澡。金属桶浴缸只是从下面烧水的简易东西，热效率很低，冬天烧热需要将近五个小时，但洗起来很舒服。"

为了在小屋里也能毫无闭塞感地舒适生活，小屋地板的高度和平台的高度是一样的。由于没有扶手和栅栏，房间仿佛和外部连接在一起，这正是小屋的亮点。此外，为了更美地映衬出窗外的风景，屋内装修以灰浆的白色为基调。"将风景和周围的大自然当作室内装饰的一部分，与其说自己身处狭窄的空间中，不如说感受到只有自己的空间正子然伫立于大自然中。"正如岩下先生回国时的决心，他已经确立了在这片土地上的小屋生活。

现在，岩下先生和妻子居住在距离小屋一公里左右的旧民宅里，偶尔会光临小屋。那里的优点在于"通过重置习惯和理所当然的事情，能够客观看待日常生活"，"能够阻挡紧迫的生活之流，改变它的走向"，以及"能够重新看待他人，整理人际关系"。偶尔在小屋度过的时光给人生带来的收获，真是既丰润，又深邃。

良好的能源效率

　　由于空间小，小屋的热效率极好。因南面窗户较多，阳光充分进入室内，为房间加热。即使在室外气温降至零下的冬季，晴天室温也会接近 30 度。储存在室内各个角落的暖意会一直持续到 19 点，之后再点上木柴暖炉。夏季则可以通过窗户大开获得舒适的感受。

室内声音彼此呼应的愉悦

　　清洗餐具时水流的声音，水壶里热水沸腾的声音，做饭的声音，翻动书页的声音，磨咖啡的声音。生活中的声音在屋中彼此呼应，格外美妙。通过声音体会生活，度过丰富多彩的时光。

独特的距离感

　　对话自然产生的距离，能感受到对方在做什么的距离，能够分享生活点滴的距离，能够沉迷于思考的距离（狭窄程度），这样的距离是存在的。"家"应该采用便利、舒适的布局，但小屋只要丰富多彩的布局就好。

07 *Used waste huts*
利用废旧材料的零成本小屋

1. 阁楼上设置了用一整块木板做成的吧台。
2. 小屋周围建有土袋屋，是用低技术含量的土袋施工法，也就是将装了土的袋子层层累积后完成的，用来当儿童房。
3. 第二栋内部直径为 6.3 米的土袋屋，是用工作坊的形式上梁的。

07

虽不完美却可满怀童心享受的基地

　　"别墅和秘密基地给人以'自有'的印象，但我想亲手建造的不是自有，而是能和伙伴分享的、老少皆宜的共有基地。"说出这句话的，是在新潟县燕市享受多点居住的五十岚先生。

　　"如果花钱，也能建起气派舒适的大房子，但我从以前开始就对日本的居住环境和房屋贷款抱有疑问，一直在思考'能否以更低的价格，和伙伴一起，建造并不完美却能满怀童心享受的基地或微屋'。在那样的思考中，我突发一念，买下了被森林环绕、自然资源丰富的约 1200 平方米空地，那就是小屋生活的开始。"

　　此后，五十岚先生决定征集伙伴，"组成能够交换能力而非金钱的社团"。他通过 SNS 孜孜不倦地发送信息，汇聚伙伴，促成了若干栋微屋和小宅子的完成（详见 FREE ART FIELD 计划 https://m.facebook.com/freeartfield.k/ ）。

　　首先着手搜集建材。虽说是小宅子，但如果从零开始，就要付出相应的建材费用。难道就不能想办法利用废料？在与各方人士商议的过程中，一条消息传来："好像有家关张的木材店，说可以从仓库里随便拿喜欢的木材！"

　　"我大喊：'YES！有了！'然后马上租借了 2 吨的

始于⋯⋯⋯⋯⋯⋯⋯⋯
2015 年 5 月中旬
地区⋯⋯⋯⋯⋯⋯⋯⋯
新潟县燕市
规模⋯⋯⋯⋯⋯⋯⋯⋯
13 平方米
费用⋯⋯⋯⋯⋯⋯⋯⋯
几乎 0 日元

翻斗车，这事我一直都记得（笑）。"

在那些废料的基础上，五十岚先生决定建造100%利用废料的小屋，开始和另一个伙伴修建地基。两人都没有木结构建筑的经验，虽说开工了，却连图纸都没有，简直是"妄想建筑"。即便如此，在"既不是那样，也不是这样"的错误实践中，他们依靠网络上的信息，快乐地推进着施工。

两天完成地基和地板，随后在喝酒聚餐时对五十岚先生的想法深有同感的木匠的指导下，两人融合2×4工法和原有工法继续作业。他们一边学习使用电动螺丝刀和圆锯以及工法上的技能，一边施工，从地基到主结构竟然只用了四天！

施工过程中，木匠曾提议："既然作业工具不断增加，就把一楼作为储物室兼工坊吧。上面要是建个阁楼，不是很让人心动吗？"全员立刻一致决定修建阁楼。"让我们把这里变成能一边透过窗户赏景，一边干杯畅饮开怀放松的秘密基地。"五十岚先生带着这样的愿望，决定设置由一整张木板制作的吧台。"在阁楼完成八成的时候，我曾隔着吧台，对着绿意丰盈的自然喝了顿酒，那味道只能用至福来形容。"

屋顶使用了镀锌薄铁皮，外墙使用了木制调色板，这些也全部都是废料。到头来，花费几乎是0日元。"如果硬要说，花了钱的只有为搬运而租借 2 吨翻斗车的租金和防水屋顶材料。"

建成前当然也出现过麻烦。给屋顶铺上防水材料后，作为屋顶建材的废旧薄铁皮怎么都弄不到手，就那样过了好几个月。结果防水材料老化，不知哪里发生了漏水。虽然急忙用蓝色塑料布做了应急处理，但是在坡度极陡的屋顶上作业，还时值寒冬（防水材料也已经冻结），实在恐怖。

现在，小屋周围以工作坊的形式建起了内部直径 6.3 米的土袋屋，上梁已经完成，正在进行内外装修。"小宅子生活起来虽狭窄，却丰富多彩。通过缩小房屋和空间的尺寸，生活居住会变为最低限度，冷暖气的效率也会提高，进而节省光热费。小屋不仅有简单朴素的一面，亲手制作生活环境更是充满了创造性和实验性。通过享受这一过程，我切身感受到自己获得了心灵的充实。"

08 *61-years old simple life*
61 岁的简单生活小屋

让人不敢相信材料费只有约 100 万日元的正规建筑。为了活用方形的小边角料，外墙做成了带有防水功能的"鱼鳞墙"。安装在屋外的木制露台作为房间的一部分，因为禁止穿鞋踩踏，所以显得非常干净。

08

无论休息还是居住，都有小别墅的感觉！

设计如此精致的正规小屋只要 100 万日元？或许很多人都会感到吃惊。那也是理所当然的，修建这栋"作作小屋"的，是有 40 年木匠经历的宫田先生，现年 61 岁，这就是他的本行。他利用工作中的旧材料、剩余材料和边角料，将原本大概需要 500 万日元的费用，成功压缩到了 1/5。

修建小屋的契机是家庭菜园。"开始兴建家庭菜园后，我想要个能吃午饭和休息的地方，便决定修建小屋。最开始我只想建个储藏室之类，但妻子说：'好不容易建一栋，更讲究些怎么样？'那句话让我开始了百错百试的日子。"

2010 年，宫田先生下定决心修建小屋，从方位、土地特性、入口、玄关的配置，到今后的家庭菜园，一边思考各项难易程度，一边不断修改图纸。为了让狭小的空间拥有宽广感，入口设置了双开门，和固定在屋外的木制平台连成一体。通向阁楼的梯子台阶设计成了兼顾收纳的架子桌，消除了浪费。

在开工前，为了切身感受图纸是否和想象一样，宫田先生通过露营进行了最终确认。2011 年 2 月，小屋开工。

始于⋯⋯⋯⋯⋯⋯⋯
2011 年 2 月
地区⋯⋯⋯⋯⋯⋯⋯
爱知县长久手市
规模⋯⋯⋯⋯⋯⋯⋯
阁楼 9.9 平方米，
LDK① 9.9 平方米，
露台 9.9 平方米
费用⋯⋯⋯⋯⋯⋯⋯
100 万日元（材料费）

① 拥有起居室（L）以及餐厅（D）兼厨房（K）的房型。

考虑到耐震性，地基以钢筋混凝土为基础，构架使用了能在夏季抑制室温的隔热材料。

其他材料还有圆木、铜板边角料、杉木板、榉木板、杉木、扁柏、松木等。由于需要像拼图一样将那些东西组装在一起，调整设计花费了不少时间，但考虑如何发挥各种材料的特性进行设计，是一件非常愉快的事。"例如我有很多方形的小边角料，为了发挥它们的作用，我就把外墙做成了鱼鳞状。另外，因为用古老的圆木做地基，所以有了重量感和安定感。"

2011 年 12 月，见证了小屋的完成后，宫田先生开始享受非日常空间里的简单生活。小巧的木柴暖炉也成了点缀小屋生活的重要元素。在设置暖炉的烟囱时，宫田先生曾遇到了不得不削去外墙屋檐的麻烦，那可是他在功能和设计上都十分珍视的地方，但设置烟囱果然还是正确的。"木柴暖炉拥有和家电不同的暖意，木柴的火焰可以治愈心灵和身体。"小屋没有自来水，厕所设在外面，但正因如此才觉美妙。"去外面上厕所成了我夜晚眺望星空与月色的契机，还能遇见动物。"对宫田先生来说，小屋是"让自己意识到什么事最重要的空间"。烹制家庭菜园里采摘的蔬菜，享受美食和美酒——那种简单的喜悦就在这里。

A hut built in the garden at home

在自家庭院修建的"厢房"小屋

1.2. 仅有 1.8 米 ×2.7 米的空间，对于手工制作、电脑工作和睡眠来说，已经足够宽敞。
3. 能够体验小屋的修建，对孩子们也是宝贵的经验，可以看到他们开心使用小屋的样子。
4. 主人爱好皮革工艺，小屋同时也是工作室。
5. 修建中的小屋。

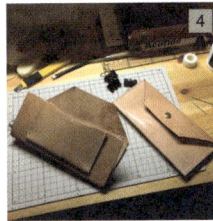

09

周末施工，用两个月完成喜欢的工作室！

"仅有 1.8 米 ×2.7 米的空间，对于手工制作、电脑工作和睡眠来说，已经足够宽敞。正因为小，才能有效利用到极限。"

说出这番话的，是在自家庭院里修建作为"厢房"的小屋的○先生。小屋于 2016 年 4 月开建，用来当作满足皮革工艺和刺子①爱好的工作室。○先生利用周末施工，到完工为止，共花费了两个月的时间。

○先生原本就对室内装饰和建筑感兴趣。就在他时不时闪现出建造自己喜爱的居住空间的念头时，网络、书籍、杂志等媒体让他了解了微屋。"如果只是这种规模的建筑，应该能建起来。"鼓起勇气之后，最初从衣柜和书架等物件的 DIY 开始。掌握了一定的技术和知识后，他开始了小屋的修建。

○先生利用免费租借的轻型卡车，将在家居建材中心购买的材料运回了家。修建工作基本上都是自己完成的，但在需要支援的时候，妻子和女儿都助了他一臂之力。可以说，这是在家人的理解下诞生的厢房小屋。此外，由于是在自家庭院，也就是住宅区内修建小屋，邻居的理解也

始于••••••••••••••••••••
2016 年 4 月
地区••••••••••••••••••••
广岛县尾道市
规模••••••••••••••••••••
4.8 平方米
费用••••••••••••••••••••
11 万日元（初期费用）

①源于江户时代的刺绣工艺，用白线在蓝布上绣出重复的几何图案。

是必须的。在修建屋顶时，设计上考虑了不遮挡邻居日照的高度（约2米），并在施工前拜访邻居，获得了许可。

那么，就让我们来请教一下重要的小屋内部吧。关键有以下六点：

①为忍耐冬天的寒冷与夏天的暑热，让屋内更加舒适，电力是必需品。曾经考虑过太阳能板，但因为不想在充电上费心，最终采用了从自家拉线的方式。

②夏天的电风扇，冬天的板式取暖器和电热毯利用度极高。只要有电热毯，隆冬季节也能安眠。

③放上卡式煤气炉，任何时候都能享受咖啡。为防万一，还设置了一氧化碳监控器。

④聚碳酸酯的中空板既便宜又轻，加工性良好，用在了门窗上。光线可以通过，但视线是被遮住的，私密性也得到了保护。

⑤为了通风，窗户尽可能做到了最大。防虫的网罩是必备的。

⑥床下便于收纳。皮革工艺的材料、防寒用具、书籍……几乎所有东西都收在这里。

"厢房"小屋充满了让人在小巧空间中舒适生活的心思，是绝对值得模仿的对象。

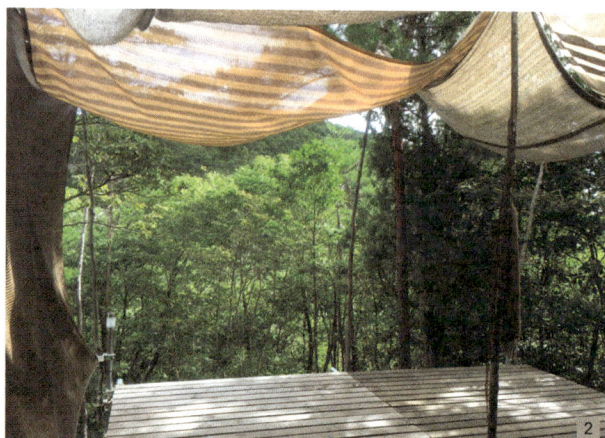

1. 放置了架子鼓，也可用作音乐工作室。
2. 在舒适的露台上，可以享受美食和按摩。

A hut where you can learn art and music

10　学习艺术和音乐的山中小屋

在冈山的山中小屋里享受自供电生活的乡野先生，与这栋小屋邂逅是在 2013 年。当时他策划了以重整放弃耕作的梯田为目标的"梯田 1000 人踏步"项目，才刚刚开始不久。

"邻居问我：'水、电、燃气都没有的山中小屋，能用 1 万日元租一年，住吗？'我对自供电的生活很感兴趣，就当场做出了决定。"

当时，这栋小屋处于空置状态。乡野先生先导入太阳能板，确保电力供应。虽然是以日照时间长闻名的冈山，可一旦连日降雨，必然会变成油灯生活。水要开车去打，代替煤气的只有卡式煤气炉，厕所是堆肥式的。由于没有浴缸和洗衣机，"要烧开水擦身，再去河边洗衣服（笑）"。

这当然属于费时费力的生活，但乡野先生利用这被森林和优美的大自然治愈的环境，以"森林艺术大学（ASAKI's University → https://aun.amebaownd.com）"的身份与同好共享空间。学学打鼓、弹钢琴和踢踏舞，体验冥想和按摩……这里已经成了让每个人都能舒展身心，享受森林的据点。

始于⋯⋯⋯⋯⋯⋯⋯⋯⋯
2013 年 4 月
地区⋯⋯⋯⋯⋯⋯⋯⋯⋯
冈山县美作市
规模⋯⋯⋯⋯⋯⋯⋯⋯⋯
约 12 平方米
费用⋯⋯⋯⋯⋯⋯⋯⋯⋯
1 万日元（年租金）

122

11 能用轻卡车搬运的便携小屋

A hut that can be carried on a light truck

"想让同龄人更多了解静冈县滨松市的茶文化魅力。"以茶农朋友萩原先生前来商量为契机，松本先生开始制作便携小屋。最初，他制定了三项规则：①不花钱（使用废料）的"反·物尽其用"；②与孩子们一起制作；③不画图纸，即兴制作。"利用收集来的废料，例如将捡到的勺子弯曲做成门把手，像即兴演奏一样体验即兴制作。"

尺寸是凭感觉决定的。车轮不考虑前后，任凭情绪安装。自由度极高（也可以说是适度）的制作方法是这栋小屋的特点，由此产生的问题只须彼此鼓励，唱唱歌，喝喝酒，处理处理就好。在捡来的锅上开个洞做成水槽，拿到露天经营的许可后便用轻卡车拉着到处走。"我们一直在参加'革新城镇建设'的活动，去空地、停车场、店前等地方出摊，成为街道上的新成员，也曾拉到东京去。既能为地区活性化做出贡献，孩子们也喜欢，这让我们很高兴。"灾害时也能活用的便携小屋，潜力不可估量。

始于⋯⋯⋯⋯⋯⋯⋯⋯⋯⋯
2015 年 8 月
地区⋯⋯⋯⋯⋯⋯⋯⋯⋯⋯
静冈县滨松市
规模⋯⋯⋯⋯⋯⋯⋯⋯⋯⋯
2.7 平方米
费用⋯⋯⋯⋯⋯⋯⋯⋯⋯⋯
约 2~3 万日元

1.2. 放在轻卡车上，无论在哪里都能出摊。
3. 在老奶奶的手推车上搭载太阳能板、电池和扩音器等装置的太阳能系统。

通过"小屋广播"了解小屋生活的实情

http://littlenagase.blogspot.jp/p/b.html

"小屋广播",即"B生活广播·小屋潮流",是一档个人广播节目(可在YouTube上收看),主要内容是实践B生活*,不被租金和房屋贷款束缚,自己修建小屋,并生活其中的话题。

广播的主持,是在千叶县修建小屋的"DJ丸子与MC小屋先生"。他与在千叶县某地建起小屋居住的"克也先生""塔先生"和"炸猪排先生"围绕小屋生活进行讨论(这次的采访中没有炸猪排先生)。他们谈论的内容不仅包括小屋生活的快乐之处,还有许多是任何打算在小屋中居住的人都想知道的信息,比如从土地购入到小屋修建的辛苦。我们将在这里精选一部分进行介绍。

*B生活:热门博主寝太郎自创的词语,包含如下意义:Basic生活(控制固定费用的最低限度生活)、Babyish生活(外行人通过错误的尝试可以达成的生活)、孤单[1]生活(能够独自作业、独自筹划的自我完结式生活)、B级生活(如果说普通的租房生活是A级,那么这就是B级)、Beginning生活(自己人生的原点、出发点,任何时候都可以回归的地方)、波西米亚生活(确保能让身心随时流浪、非定居状态)。(节选自"寝太郎博客")

他们的小屋修建之路

问:想要修建小屋是源于怎样的契机?

克也先生: 在我烦恼今后的人生要怎么过的时候,拜读了建起小屋居住的池鹿先生的博客,觉得"要是过上小屋生活,也许就会被挽救"。池鹿先生非常享受他的小屋生活。"我如果也建个小屋住下,现在的不安难道会烟消云散吗?"于是我就趁势买了地,一鼓作气建起了小屋。

塔先生: 最初我想正常地买座公寓房,还去过横须贺等地的新建公寓。就在那时,我读到了氏家诚悟先生的《自建住房手册》,又调查了许多,最后找到了寝太郎先生的网站。

问:开始小屋生活前,你们是从哪里获得信息的?

塔先生: 我从网上和图书馆里一点点查阅了2×4工法,可能用了一年左右吧。从

①原文为ボッチ(bocchi)。

买好土地到动手开建，着实花了不少时间。完全没能画出正确的图纸。

克也先生： 建造技术是用谷歌搜索"小屋DIY""小屋 人工修建"之类的信息，一边浏览各种网站，一边模仿学习。

问：修建小屋的土地是怎么找到的？

塔先生： 我在找首都圈最便宜的地方时，和克也先生找到了同一家不动产公司。最初是 50 万日元，后来降到 35 万日元。因为没有通过中介，完全是自己办理的手续，所以相应地便宜了。

克也先生： 我购买土地的费用是 45 万日元，加上司法代笔人的费用，一共花了 47 万日元。测量费被我削减掉了。由于土地已经用水泥砖明确划分，不用测量也能明白界线，还是很不错的。

问：选择土地时是以什么为基准的？

塔先生： 首先是便宜，其次是通风。我喜欢大海，以前一直模模糊糊地想，最好是神奈川县湘南一带，尽量靠近大海的地方。千叶的这个地方土地便宜，离海也近，于是就决定了。然后，自己能否适应这种小屋生活也是极其关键的。我家旁边全都是空地，附近也都是零零散散住在小屋中过着 B 生活的人，这同样成了决定性要素。

克也先生： 我把山梨县列入了候补，但出售的地块很少。茨城县我也骑着自行车去看了。千叶县总让人有种"移民较多的乡村"的感觉，茨城县则散发着"自古以来代代祖先居住在此"的感觉。我觉得住在那里也许会觉得压抑。

小屋生活的资金情况

问：初期投资花费了多少？

塔先生： 土地 35 万日元，用电 8 万日元，以上就是初期投资。要是有 100~120 万日元，就能修建正常居住的小屋了。我把奖金全部倾注在此，用来买地和建材，因为这是我梦想的私人小屋。

克也先生： 土地 45 万日元，小屋 25~30 万日元。用电 7 万日元，水井 10 万日元多一点儿。粗略算来也有约 100 万日元了呢。如果存下 100 万日元的小屋费用和 200 万日元的短期生活费，就可以实现 B 生活。

问：每月开销多少？

克也先生： 4~5 万日元吧。小屋开销多的时候和少的时候差别很明显。一旦哪里坏了，开销就会增大。要是什么事都没有，就一点儿都不花钱。

塔先生： 最近在外面吃得多了，大概 9 万日元吧。

DJ 丸子与 MC 小屋先生： 我家的电费包含基本价格约 1300 日元。冬天完全不开暖气，只用电热毯。然后就是通过阳台上的太阳能光板发电，睡觉时可以用它来点亮小灯或为手机充电。

问：收入来源呢？

DJ 丸子与 MC 小屋先生：我是一边削减储蓄一边生活呢。

克也先生：我有失业保险，然后就是削减储蓄了。作为博客的收入，乐天积分经常能存进来。

塔先生：我几乎没有什么关于生活或储蓄的不安。想要做一番个人事业，毕竟从以前开始就经常收到网页设计之类的工作。我还曾上门提供过设置电脑的工作，也想重新开始。

克也先生：每月用 2 万日元生活是 B 生活的概念，所以我想打打工不就好了吗。

问：固定资产税要交多少？

克也先生：我要交 4500 日元左右。

塔先生：我也差不多。

DJ 丸子与 MC 小屋先生：要加上建筑吗？

克也先生：我没加。

塔先生：小屋不是"建筑"，而是"工作物"吧。相关人员每三年会来调查一回，评估土地的价值。如果在 30 万日元以上，就要交固定资产税，不足就可免除。

与家人和当地人的交往方式

问：家人和朋友对小屋生活有什么反应？

塔先生：父母相对宽容，但妹妹似乎有点

儿担心，问我"小屋生活不要紧吗"。最初通过博客和推特，只有一部分人知道，但自从被发现后，反倒痛快了。现在在我可以很随意地告诉别人自己在小屋生活。亲戚们没什么好脸色，但辞职的时候，有同事说你要加油建小屋啊，也有很多朋友感兴趣，大家还是比较友好的。邻居经过的时候也经常和我打招呼说："小屋进展得不错啊。"一旦想做新的、奇怪的事，肯定会有人反对，但那是他们的想法，就算在意也无可奈何。

克也先生：我原本不准备告诉亲戚们我在小屋生活，结果盂兰盆节家庭聚会时被我爸揭穿了。但是大家都对小屋生活没什么兴趣，一句"你做的事情挺有意思啊"就打住了。世上的人们对小屋生活并不是那么感兴趣，只是觉得我在做和别人不同的事情，挺有趣罢了。

问：你们和当地人怎么来往？

克也先生：我没有加入自治会。他们邀请过我，但我拒绝了。和当地人擦肩而过时，只是停留在"你好"之类的简单问候上，不说多余的话。不过搬过去的时候，还是一开始和各家打个招呼比较好。

塔先生：我至今还没有见过自治会长。只要对方不找我，我就不掺和。但是，在附近的人看过我的主页和博客后，亲切地和我打招呼的情况就增加了，真是效果明显。

请给对 B 生活感到犹豫的人们提一句建议。

塔先生：不要想得太多，首先寻找便宜的土地买下，实验性地着手就好。建个像小屋一样的东西，周末试着来玩玩也行。如果中意那种生活，就直接搬进去，如果不行，再转让那块土地也无所谓。尝试是最重要的。

克也先生：原来我完全没握过锯子，一直在想自己真的能建起小屋吗？结果边看边学，意外地发现我能行。总之，如果试了不行，那么当成人生经验就好。

DJ 丸子与 MC 小屋先生的评论

最初听说 B 生活是在 2013 年 10 月前后。我一直在读寝太郎先生的博客，同时也在翻阅克也先生的博客，小屋逐渐成型的样子实在有趣。既能轻松完成，过程看起来也很愉快。正好就在那时，我因为工作去了东日本大地震的现场，精神上十分痛苦，觉得自己不知何时也会遭遇那样悲惨的事，必须找到一个可以逃进去的避难所。当时我想："如果是 B 生活，就算丢了工作，或许也能生存下去。"

我原本就喜欢 DIY，时不时做做家具什么的，"终有一日想要自己修建自己的家"。于是我立刻购买了栃木县的土地，花三天时间就建起了小屋。我非常喜欢户外活动，也有露营经验，小屋中的生活对我来说完全没有违和感。

然后，我开始通过博客和克也先生、塔先生、炸猪排先生他们交流，后来变成了直接会面。我们彼此联系，不知不觉组成了社群。我本想通过小屋自由自在地独自生活，却要这样和伙伴相连，纯粹是因为不安。我想和处于同样境况的伙伴交换信息，希望有人推我一把，独自住在小屋里也确实寂寞。组成社群和他们相连，对彼此都是种鼓励。要是独自一人做这样的事，或许会很奇怪，但因为其他人也在做，所以自己也许就能继续向前。

HOUSE MAKER CHECK 现在就想检索的"小屋套装"

样板屋数据

58 HOUSE

费用：	规模：
98万日元（不含税）	7.45平方米

给要轻松享受的人

这是只须按照说明书组装的手工套装，全部自己完成也行，将困难之处交给专业人士也行，将组装交给别人、自己只负责涂装也行。可以用作秘密基地或兴趣空间的4.5叠"58 HOUSE"作为客房和商店也毫无问题。如果想在不同的地方享受小屋，推荐可用轻卡车搬运的"58 TRUCK"。让我们自由自在地享受露营、咖啡厅和工作坊吧。

58HOUSE & TRUCK

接下来将为大家介绍小屋套装：修建小屋所需的所有部件都已经加工完毕，并整理成外行人也能自行施工的状态。是按照难易度来选，还是按照设计来选，或是按照用途来选……乐趣无穷。

样板屋数据	
58 TRUCK	
费用： 58 万日元（不含税）	规模： 2.62 平方米

* 不包含车辆

样板屋数据

COCKPIT

费用：
　C1-2015: 200 万日元（不含税）
　C2-2030: 249 万日元（不含税）

规模：
　　C1-2015: 9.93 平方米
　　C2-2030: 19.87 平方米

单元组合：创造无限大

　　这类小屋采用了 1 单元 =6 叠为最小单位进行组合的网格设计。就像拼图一样，将每个单位按照预想组装在一起，便可轻松创造出属于自己的空间。C1-2015 具备起居室的功能，拥有宽敞的开口，C2-2030 是带有百叶窗的泥地车库。像这样能够结合生活方式选择，也很让人欣喜。

* 照片中的小屋价格为 398 万日元（未含税）。
* 本体价格中不包含搬运、安置、室外水电施工、建筑确认申请费和家具用品等。

COCKPIT

THE SKELETON HUT

两三个成年人即可组装!

以套装形式出售,里面包含所有经过加工的建材和部件。只要两三个成年人组装即可完成,简便易行是其魅力。预订时可以指定门窗的位置和形状,因此也很适合建造只属于自己的个性小屋。在套装的状态下,4吨卡车或船即可搬运。由于是3叠[1]的小尺寸,既可放在自家用地内当成书房或儿童房,也可活用小巧空间将其变为店铺。

* 本体价格中不包含搬运、安置、室外水电施工、建筑确认申请费和家具用品等。

①日本传统面积单位,1叠约等于1.62平方米。

构架状态

房主 DIY 后

样板屋数据	
THE SKELETON HUT(S)	
费用: 190万日元(不含税)	规模: 4.96平方米

* 也有15叠(包含阁楼5叠)的L尺寸

CHIBITA

可以定制的木造小屋

由于内外墙都用木头制作，因此可以事先安装架子、书桌、阁楼，或将两间小屋连接起来，定制手段丰富。外墙、平台、百叶窗等外部木材都是高品质、高耐久的北美乔柏，即使没有涂装也能使用，还可以享受木头经年变化的质感。因为具备了居住级的强度、隔热性和气密性，只要整备好用水系统，住在里面也没有问题，而且安置竟然仅需一天！

* 价格只包含本体单元，地基和设备的施工费用需要另付。

NOPPO

样板屋数据

KIBAKO NOPPO&CHIBITA

费用：
NOPPO: 240 万日元（不含税）
CHIBITA: 195 万日元（不含税）

规模：
9.99 平方米

KIBAKO
NOPPO&CHIBITA

IMAGO-R

样板屋数据

第三场所 IMAGO

费用：
2 类共通价格 108 万日元（含税）
BESS 用户价格 90 万日元（含税）
＊配送费另付

规模：
IMAGO-R：9.87 平方米
IMAGO-A：9.8 平方米

第三场所 **IMAGO**

这才是"货真价实"的圆木小屋

　　这是圆木小屋头号制造商以"究极的 10 平方米"为目标开发的。他们将原本由 14 段厚达 7 厘米的圆木组成的"货真价实"的圆木小屋，以完整的套装形式发送给客户，同时还附带便于自建的说明书。和伙伴们一起组装，愉悦和乐趣便多了一分。小屋包括两种类型，分别是吸收外部魅力并将其一体化的受容式 IMAGO-R，以及提升周边魅力的灵活式 IMAGO-A，可以结合使用视角和个性来选择。

* 本体价格不含地基材料，涂料可从公司选购。

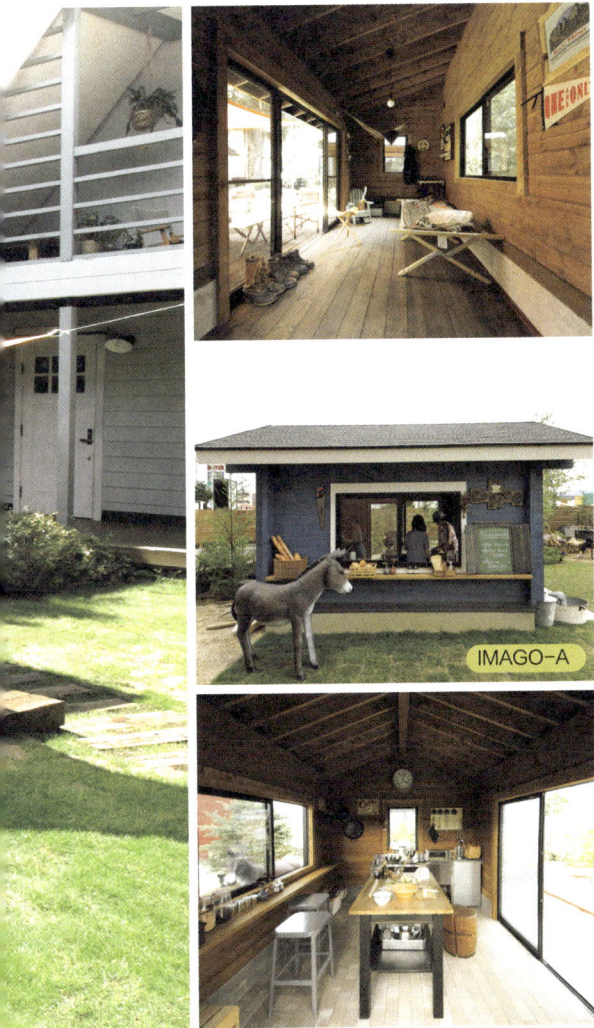

IMAGO-A

重新审视居住与生活、工作方式的原点并思考未来的社交设计公司

YADOKARI 的活动

活动 01

YADOKARI

http://yadokari.net/

这家网络媒体的主题是生活方式，从最低限度生活、微屋、小屋和多点居住中思考"未来的丰富性"，并加以实践，介绍了 3000 多件世界各地的小房子和最低限度生活的出色案例。

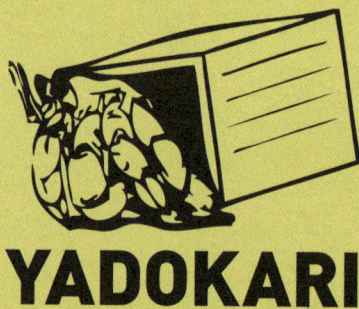

YADOKARI

活动 02

YADOKARI 支援者

https://www.facebook.com/groups/yadokari.support/

会员制社交团体，包括建筑师、产品设计师、编辑等 3000 名登录支援者。支援者们为各种围绕生活方式举办的活动提供专业的支援。此外，除了社群内的各种活动和交流会，对 YADOKARI 最新的信息、部门活动、工作坊等居住相关活动感兴趣的成员们，还积极地进行各种交流。

YADOKARI SUPPORTERS

活动 03

BETTARA STAND 日本桥

http://bettara.jp/

这是一处用来举行活动的空间，也是一座开放式咖啡厨房。原本是停车场，现在安放了可以移动的设施、微屋和 DIY 的小摊。这里以"与地区一起创造·社交建筑"为口号，从修建设施的工作坊，到每年多达 150 场、以项目企划和工作、生活方式为主题的活动，不断尝试与地区建设相关的实验性解决方法。

活动 04

《包月书》

http://tsukigime.yadokari.net/

汇聚世界各地最低限度生活与最新居住事例的定期杂志，主要出售给 *YADOKARI* 的读者，同时也会开展面向核心支持者的服务，除了提供杂志，还向会员发送原创内容，并举行特别活动或交流会。

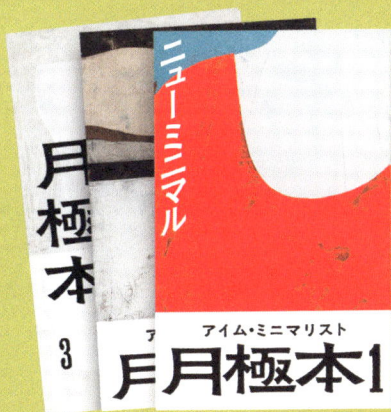

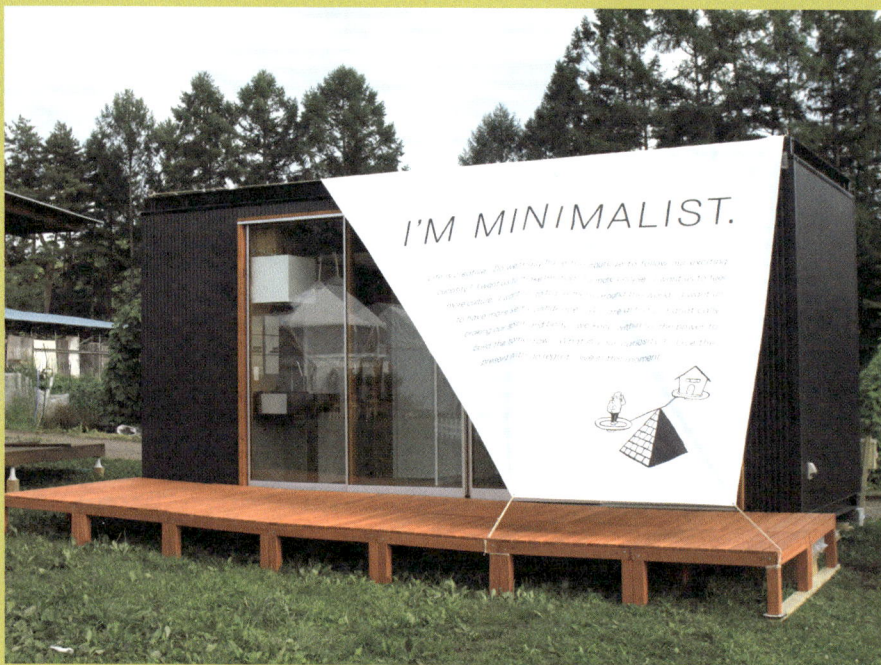

活动 05

INSPIRATION

http://inspiration.yadokari.net/

INSPIRATION

通过众筹方式从 300 名支持者处征集 320 万日元开发的 300 万日元移动式小屋。"INSPIRATION"是 6 米 ×2.4 米，约 4 坪（14 平方米）的单间。屋内备有生活必需的淋浴、厕所、厨房和简易收纳空间，是能用卡车搬移的便携住宅。小巧的尺寸可以住下夫妻二人加上一个孩子。本体价格 300 万日元起。公司也承担原创小屋的企划和设计工作。

S 尺寸的详情在 131 页也有介绍。

活动 06

THE SKELETON HUT

http://skeletonhut.yadokari.net/

在外墙镶木板的盒子形屋体（skeleton）中，人们可以自由进行内部装修（infill），无论多少次都能重置回 skeleton 状态，巨大的可变性正是这种小屋的魅力。土宅、别墅、书房、工作坊、商店、兴趣房、儿童房等，任何人皆可结合生活方式自由使用。共有两种类型，分别是地板面积 3 叠①的 S 尺寸，以及地板面积 10 叠 + 阁楼 5 叠的 L 尺寸，具备最小限度居住功能的 L 尺寸，足够住下两个大人和一个孩子。

THE SKELETON HUT

活动 07

共享办公室
"中银胶囊塔"

http://nakagin.yadokari.net/

作为著名建筑的保护与重生的解决方案，YADOKARI 接手了黑川纪章设计建造的中银胶囊塔的重生工作。他们招募 YADOKARI 的支援者，进行 DIY 维修，现在正将其作为共享办公室，推动支援保护工作。

①在日本，典型房间的面积是用榻榻米的块数来计算的，一块称为一叠。一张榻榻米的传统尺寸是宽 90 厘米，长 180 厘米，东京和关东地区的榻榻米稍小一些，是 85 厘米乘 180 厘米。

活动 08

未来工作方式会议

http://job.yadokari.net/

思考并实践"未来工作方法"的网络媒体。不仅限于介绍招聘信息，还会提供世界各地的工作方式、办公室情况、采访·专栏等"未来工作方法"的最新情况。此外还会定期举行社交活动。

未来働き方会議

HOLIDAY
REAL
ESTATE
休 日 不 動 産

活动 09

假日房地产

http://holidayrealestate.jp/

房地产网络媒体，提供日本各地的闲置房地产和空置房屋的再利用信息。发起了周末别墅、共享别墅、两点居住、福利设施等"新别墅＝孕育丰富性的别墅"活动。

活动 10

《未来居住方式会议》《我是最低限度主义者》

两本著作介绍了引领日本最低限度生活和微屋运动的"YADOKARI"的轨迹与活动，同时拜访了利用"微屋""便携小屋"等实践小屋生活的日本人，并整理了他们的事例。在亚马逊和全日本各书店有售。

アイム
ミニマリスト
YADOKARI

未来
住まい方
会議
YADOKARI

活动 11

TINYHOUSE ORCHESTRA

http://yadokari.net/orchestra/

　　小屋·微屋的专项平台，汇集了日本国内可以购买的小屋、微屋的信息以及关于小屋生活和旅行生活的技巧。未来预计还会开展社交活动，并开设小屋村。

TINYHOUSE ORCHESTRA

结语

　　翻开这本书的人，也许很多都对小屋的生活方式感兴趣。在阅读这本书的过程中，应该也有不少人对小屋的印象大有改变。

　　这么说的我也是其中之一。我担任着介绍世界各地小屋生活的 *YADOKARI* 的总编，却通过这次的采访，痛感自己并非真正了解这样的生活方式。

　　这次采访的各位都是通过各种各样的经历"特意选择了小屋或小型住宅的人"。他们并非因迫不得已的原因而无奈缩小了居住面积，而是在小型住宅上感受到了可能性，于是积极地选择了那种生活方式。从零开始独自修建小屋的人，与建筑家一起思考并修建小屋的人，和伙伴共享小屋生活的人，翻修古老小屋的人。他们各自的居住方式和背景截然不同，但面对采访，异口同声地表示"和开始小屋生活前相比，感受到了丰富性"。比起在宽敞的住处被各种物品包围，与真正需要的东西或喜欢的东西共同生活，会感到更进一步的幸福。

此外，因选择小屋而"与他人的关系更深一层"的话语，也让人印象深刻。说起小屋生活，我一直主观地认为他们大多独自一人窝在小屋中，不与他人发生关联，过着与世隔绝的生活，但这样的观点也完全被颠覆了。正因为在小屋中和家人或朋友共同居住，关系才会变得紧密。交流是自然而然活跃起来的，所以关系会更加深入。不仅如此，作为和陌生人邂逅或与他人产生联系的方法，小屋也活跃其中。

　　将生活变为最低限度或许能够告诉我们，什么才是自己最重要的东西。宽敞的住宅和规范的生活方式，未必是和幸福度成正比的。

　　住宅是伴随人生的重要伙伴。今后，你可能要选择与自己共度一生的住宅。为了那一刻，如果你能将小屋这个选项事先放在脑海的某个角落里，我将感到无比欣慰。

YADOKARI 总编 大井步美

图书在版编目（CIP）数据

梦想中的小屋 / 日本 YADOKARI 编；史诗译 . -- 成
都：四川文艺出版社，2019.7
ISBN 978-7-5411-5392-1

Ⅰ.①梦… Ⅱ.①日… ②史… Ⅲ.①生活方式－研
究－日本 Ⅳ.① D731.383

中国版本图书馆 CIP 数据核字 (2019) 第 058054 号

著作权合同登记号 图进字：21-2019-052

MENGXIANGZHONG DE XIAOWU

梦想中的小屋

[日] YADOKARI 著　史诗 译

责任编辑　徐　欢　彭　炜
特邀编辑　李文彬
责任校对　汪　平
装帧设计　陈绮清
内文制作　杨兴艳

出　　版　四川文艺出版社（成都市槐树街 2 号）
网　　址　www.scwys.com
电　　话　028－86259303（编辑部）
传　　真　028－86259306
发　　行　新经典发行有限公司
　　　　　电话 (010) 68423599　邮箱 editor@readinglife.com

印　　刷　天津市银博印刷集团有限公司
成品尺寸　180mm×220mm　　　　开　本　16 开
印　　张　9　　　　　　　　　　字　数　100 千
版　　次　2019 年 7 月第 1 版　　印　次　2019 年 7 月第 1 次印刷
书　　号　ISBN 978-7-5411-5392-1
定　　价　69.00 元

版权所有，侵权必究
如有印装质量问题，请发邮件至 zhiliang@readinglife.com